STARK

ABITUR-WISSEN
FRANZÖSISCH

Gerd Lamsfuß-Buschmann

Literaturgeschichte

STARK

ISBN 978-3-89449-326-4

www.stark-verlag.de
1. Auflage 2002

Inhalt

Autor: Dr. Gerd Lamsfuß-Buschmann

Vorwort

Liebe Schülerinnen, liebe Schüler,

die hier versuchte Zusammenfassung soll Ihnen die französische Literatur im Zusammenhang der Weltliteratur nahe bringen und ihre mächtige Wirkung bis in unsere politische und geistige Gegenwart. Um außerdem auch ein Lesevergnügen zu ermöglichen, war die Intention, von den **wichtigsten Autoren** jeder Epoche eine der wichtigsten Schriften in einem **Textbeispiel** vorzustellen. Dazu gehört jeweils eine **Kurzbiografie**.

Zur Einleitung in jedes Jahrhundert wird ein **Überblick über die historische und politische Situation** gegeben. Darauf folgt eine **Charakteristik der literarischen Epoche**, die auf ihre Individualität und besondere Leistung konzentriert ist. Die **Zeittafeln** am Schluss der Kapitel sind eine extreme Zusammenfassung für die **Einprägung zu Prüfungszwecken**. Im gleichen Sinne kann die Literaturgeschichte auch zur **Einführung** in ein einzelnes **Werk**, einen **Autor** oder eine **Epoche** befragt werden. Die einzelnen Gattungen erschließen sich am besten im Zusammenhang der Epochen, in denen sie besonders florierten.

Das ist für die Tragödie das 17., für die philosophische Prosa das 18., für den Roman das 19. und für die Lyrik das 19. und das 20. Jahrhundert. Das moderne Theater muss auch im 20. Jahrhundert in seiner Entwicklung verfolgt werden.

Der Schiffbruch aller geistigen Bewegung ist Langeweile. Der Verfasser wünscht dem Buch und Ihnen das glückliche Umfahren dieser Klippe.

Gerd Lamsfuß-Buschmann

Dr. Gerd Lamsfuß-Buschmann

Das 17. Jahrhundert

Das Französische entwickelte nach dem Lateinischen als erste romanische Sprache im Hochmittelalter eine eigene Literatur. Die mittelhochdeutsche Dichtung übernahm davon den Minnesang und die Sagenstoffe der Artusrunde, die in den Opern Richard Wagners bis heute weiterleben. Die französische Klassik ist nach der italienischen Renaissance und dem spanischen Siglo de Oro für die moderne Literatur Europas zum Vorbild geworden.

Im 17. Jahrhundert unterwirft die französische Gartenkunst auch die Natur einer vernünftigen Ordnung. Wie hier in Vaux-le-Vicomte wird Le Nôtre den Park von Versailles für Ludwig XIV. gestalten.

Die historische Situation Frankreichs im 17. Jahrhundert

Die **französische Klassik** ist ein Glücksfall, den die günstige Konstellation dreier geschichtlicher Bedingungen ermöglichte: innenpolitische Stabilität (religiös und sozial), außenpolitischer Erfolg und wirtschaftliche Prosperität. **Ludwig XIV.**, mit dessen Person diese Epoche fast eine Einheit eingegangen ist, war dabei eher Fortsetzer und Nutznießer seiner Vorgänger.

1598 hatte Heinrich IV. den Protestanten Religionsfreiheit und politisches Vertretungsrecht im **Edikt von Nantes** garantiert. Damit konnte er die unheilvolle Zeit der Religionskriege beenden. Sein tüchtiger Finanzminister Sully leitete die **merkantilistische Wirtschaftspolitik** ein, die seinem Nachfolger Colbert für die Staatskasse des Königs ein wahres Wirtschaftswunder bescheren sollte. Die erste französische Kolonie entsteht 1608 in Québec und bald auch eine eigene französische Kriegsflotte. Außer diesen Vorgängern konnte Ludwig sich auf das politische Talent zweier Kardinäle stützen, **Richelieu** und **Mazarin**, die die Regierungsgeschäfte führten, solange Ludwig XIII. und er selbst noch nicht volljährig waren. Außenpolitisch war es vor allem der **Westfälische Friede**, der in den Auseinandersetzungen mit dem Haus Habsburg für Ruhe sorgte, sowie der Pyrenäenfriede von 1659.

Innenpolitisch war wie in England und Deutschland das größte Problem die rivalisierende Aristokratie, die sich der königlichen Zentralgewalt widersetzte. Das hatte schon nach dem Tod Karls des Kühnen mit der Enteignung Burgunds begonnen. Mazarin zerschlug die aristokratische **Fronde 1653**. Die Sonderstellung der Hugenotten im Reiche hatte schon 1628 Richelieu mit der Eroberung von La Rochelle wieder abgeschafft.

Dieser konsequente Ausbau der absoluten Monarchie sollte schon im nächsten Jahrhundert zu ihrem Untergang führen, denn außer der Erweiterung des Kolonialreiches in Louisiana und Westindien wurde Frankreich zur stärksten Militärmacht Europas. Ludwig konnte dadurch zur weiteren Festigung des persönlichen und nationalen Prestiges in den Niederlanden und Deutschland drei Kriege führen, musste aber noch am Ende des Jahrhunderts die bittere Niederlage im **Spanischen Erbfolgekrieg** erleben. Die Kriege seines Nachfolgers Ludwig XV. haben die Staatsfinanzen endgültig ruiniert.

Auch den Religionsfrieden hatte Ludwig schon wieder zerstört, als er 1685 das **Edikt von Nantes widerrief**. Vom Gewerbefleiß der seit diesem Datum aus Frankreich fliehenden Hugenotten profitierten andere europäische Länder, Preußen zumal. Wie seine großen Vorgänger Konstantin (der Große) und Karl (der Große) hat Ludwig die katholische Einheitsreligion zur inneren Stabilisierung seiner Monarchie gewollt.

Das war auch die Rolle, die er den Künsten zugewiesen hat. Bis hin zur Schneiderkunst mussten sie seine Ausnahmestellung unterstreichen und verherrlichen. Mit der Gründung der **Académie Française** hatte Richelieu **1634** bereits die Bildung zentralisiert. Jetzt zog auch das literarische Leben von den bis dahin tonangebenden aristokratischen Salons an den Hof. Die Selbstdarstellung des **Sonnenkönigs** ging soweit, dass er in den von Molière und Lulli inszenierten Ballettaufführungen selbst figurierte. Mit der Fertigstellung des Schlosses von **Versailles** gab er sich schließlich auch architektonisch den ihm angemessenen Rahmen. In dieser Konzentration von Macht und Reichtum konnten die Künste nur profitieren, doch heißt das nicht, dass Ludwig selbst ein Banause war. Er protegierte kunstverständig und vorbehaltlos. Molière und Racine waren unter seinem Schutz sogar vor den Nachstellungen französischer Inquisitoren sicher. Da die protestantische Opposition ohnehin ausgeschaltet war, beschränkte sich der religiöse Zwist auf den innerkirchlichen Dogmenstreit zwischen **Jansenisten** und **Jesuiten.** Aber auch hier machte Rom die Reformpartei von **Port-Royal** bald mundtot.

Literaturgeschichtliche Charakteristik der französischen Klassik

Die **französische Klassik** hat für die europäische Literatur die **Psychologie** entdeckt, oder doch wiederentdeckt. Das ist ihre eigentliche Leistung und Bedeutung. Sie sucht das wahre Gesicht des Menschen unter dem Idealbild, das Theologie und Philosophie darübergeblendet haben. Die Theologie entwirft den Menschen gern nach den moralischen Anforderungen, die sie an ihn stellt: sieben Todsünden, vier Kardinaltugenden, drei theologische Tugenden. Dabei kommt natürlich nicht der Mensch heraus, wie er sich mit seinen Schwächen in der Wirklichkeit der Beichtpraxis zeigt. Die philosophische Definition des Menschen als animal rationale ist ihrer Natur nach zu allgemein, um die Vielfalt und Fülle der lebenden Individuen zu fassen.

La Bruyère hat darum versucht, in seinen *Caractères* wirkliche Menschen zu porträtieren, wie sie ihm im Alltag der Hauptstadt begegneten. Auch die **Komödien** von **Molière** zeigen bereits in ihren Titeln, dass hier Charakterstudien menschlicher Modellfiguren versucht werden: der Geizige, der Heuchler, der Menschenfeind, der eingebildete Kranke , die Blaustrümpfe, die Snobs, der Neureiche. Die Tiere in den **Fabeln** von **La Fontaine** schließlich zeigen menschliche Eigenschaften in solcher Verdichtung, dass sie ohne ihre Verkleidung eher unheimlich als lustig wirken.

Hier liegt auch der Grund für den durchschlagenden Theatererfolg **Racines**, der seinen Vorgänger bei Hofe bald in den Schatten stellte. Die Helden von **Corneille** entsprachen alle den Höchstanforderungen der alten Römertugenden: der Vater, der seine Tochter lieber tot als entehrt sieht (Virginia, Lukretia), der Bruder, der seine Schwester tötet, weil sie mit dem Landesfeind sympathisiert (Horace), der Christ, der das Martyrium ertrotzen will (Polyeucte). Alle diese idealistisch überzeichneten Helden erweisen sich im Vergleich zu Racine bald als unrealistisch, ja, unmenschlich.

Natürlich stellt auch Racine tragische Extremfälle aristokratischer Ausnahmeindividuen auf die Bühne. Das ist seit je die Funktion der **Tragödie**, im Gegensatz zur **Komödie**, die eher die unproblematische Mittellage des bürgerlichen Alltags wiedergibt. In den Personen Racines vermochten sich die Zuschauer jedoch besser selbst wiederzuerkennen. Seine Helden und vor allem seine Heldinnen zeigen sich uns in bestürzend modernen Problemlagen. Manche seelischen Phänomene sind bei Racine dargestellt, für die erst die heutige Psychologie treffende Beschreibung und Nomenklatur gefunden hat.

Modern ist die französische Klassik auch noch in einem anderen Sinn: Sie knüpft in ihrem Personal wieder an die **griechische Mythologie** an. Die Größe dieser Anstrengung, die die Renaissance eingeleitet hatte, wird erst deutlich, wenn man sich die obligatorische Rolle der hebräisch-alttestamentarischen Mythologie seit dem Mittelalter klarmacht. Das griechische Dekor hat dann die Französische Revolution ergriffen als Ausdruck ihres Lebensgefühls und ihm verdanken wir auch noch den deutschen Klassizismus.

Schiller hat die *Phädra* von Racine übersetzt, weil er sah, dass hier auch das tragische Problem selbst auf eine moderne Stufe umgesetzt war. Im Briefwechsel mit **Goethe** und in seinen theoretischen Schriften zur Bühne hat er entwickelt, dass das moderne Theater die Ursache der Tragik in die Verantwortung seiner Helden legt, es macht sie von Schuld und Unschuld abhängig, und das heißt, von der freien Entscheidung des Individuums. Der antike Held, Ödipus etwa, stürzt blind und im Grunde unverantwortlich in ein Unglück, das die neidischen Götter und ein blindes Schicksal ihm bereiten. Das ist nach über tausendjähriger Gewissensschärfung durch das Christentum nicht mehr möglich. Die Personen Racines erscheinen alle hellwach. Die einzige Schuld der Phädra besteht gerade darin, dass sie in einem Moment der Schwäche ihr Gewissen einschläfern lässt.

Die **deutsche Lyrik** verdankt der französischen Klassik das Versmaß des **Alexandriners**, das in den **Sonetten** von **Andreas Gryphius** einen Höhepunkt der **Barockdichtung** zeitigen sollte.

Pierre Corneille (1606–1684)

Pierre Corneille stammt aus Rouen und geht dort im Kolleg der Jesuiten zur Schule. Die Begegnung mit der stoischen Philosophie, mit **Seneca** und **Lucan** prägt ihn für sein Leben. Wie seine Vorfahren wird er Jurist und auch diese Ausbildung formt bei ihm eine grandiose Rhetorik für sein späteres Werk. 1633 macht er mit seiner ersten Komödie Richelieu auf sich aufmerksam, bewahrt jedoch seine Selbstständigkeit. Nach dem durchschlagenden Erfolg des *Cid* 1637 hat er keine Protektion mehr nötig, wird aber mit seinen späteren Stücken auch nie wieder ähnlich glücklich sein. Er lebt schließlich mit Frau und sechs Kindern eine eher kleinbürgerliche Existenz in Rouen; nach Paris führen ihn aber immer wieder spätere Aufführungen. Dort gehört er zum engeren Kreis im **Salon der Madame de Rambouillet**. Trotz mehrerer Reprisen, 1676 sogar in Versailles durch Ludwig XIV., haben seine Stücke gegen die Erfolge der Jüngeren, Molière und Racine, keine Chance mehr.

Pierre Corneille: Le Cid

[Thematik: Liebe und Ehre] *Don Rodrigo liebt Doña Schimena, doch eines Tages wird sein Vater von ihrem Vater durch eine Ohrfeige im Streit tödlich beleidigt. Rodrigos Vater ist zu alt, um seine Ehre im Duell wiederherzustellen. Rodrigo muss ihn vertreten und tötet Schimenas Vater. Damit ist der Glückshorizont der Liebenden zerstört. Rodrigo kommt ein letztes Mal zur Geliebten, um mit seinem Tod durch ihre Hand zu sühnen. Das bringt sie natürlich nicht über sich, besteht aber auf Trennung aus Gründen der gegenseitigen Achtung. Sein Leben soll er lieber im Kampf gegen die Mauren für Spanien zum Opfer bringen. Für den Zuschauer öffnet sich die Perspektive eines „Happy End" durch das geschichtliche Wissen, dass der Cid nach großen Taten für das Vaterland wieder heimkehren wird.*

D. RODRIGUE: Ne diffère donc plus ce que l'honneur t'ordonne:
Il demande ma tête, et je te l'abandonne;
Fais-en un sacrifice à ce noble intérêt;
Le coup m'en sera doux, aussi bien que l'arrêt.
Attendre après mon crime une lente justice,
C'est reculer ta gloire autant que mon supplice.
Je mourrai trop heureux mourant d'un coup si beau.
CHIMÈNE: Va, je suis ta partie, et non pas ton bourreau.
Si tu m'offres ta tête, est-ce à moi de la prendre?
Je la dois attaquer, mais tu dois la défendre;
C'est d'un autre que toi qu'il me faut l'obtenir,
Et je dois te poursuivre, et non pas te punir.

D. RODRIGUE: De quoi qu'en ma faveur notre amour t'entretienne,
Ta générosité doit répondre à la mienne;
Et pour venger un père emprunter d'autres bras,
Ma Chimène, crois-moi, c'est n'y répondre pas:
Ma main seule du mien a su venger l'offense,
Ta main seule du tien doit prendre la vengeance.
CHIMÈNE: Cruel! à quel propos sur ce point t'obstiner?
Tu t'es vengé sans aide, et tu m'en veux donner!
Je suivrai ton exemple, et j'ai trop de courage
Pour souffrir qu'avec toi ma gloire se partage.
Mon père et mon honneur ne veulent rien devoir
Aux traits de ton amour, ni de ton désespoir.
D. RODRIGUE: Rigoureux point d'honneur! hélas! quoi que je fasse,
Ne pourrai-je à la fin obtenir cette grâce?
Au nom d'un père mort, ou de notre amitié,
Punis-moi par vengeance, ou du moins par pitié.
Ton malheureux amant aura bien moins de peine
A mourir par ta main qu'à vivre avec ta haine.
CHIMÈNE: Va, je ne te hais point.
D. RODRIGUE: Tu le dois.
CHIMÈNE: Je ne puis.
D. RODRIGUE: Crains-tu si peu le blâme, et si peu les faux bruits?
Quand on saura mon crime, et que ta flamme dure,
Que ne publieront point l'envie et l'imposture?
Force-les au silence, et, sans plus discourir,
Sauve ta renommée en me faisant mourir.
CHIMÈNE: Elle éclate bien mieux en te laissant la vie;
Et je veux que la voix de la plus noire envie
Elève au ciel ma gloire et plaigne mes ennuis,
Sachant que je t'adore et que je te poursuis.
Va-t'en, ne montre plus à ma douleur extrême
Ce qu'il faut que je perde, encore que je l'aime.
Dans l'ombre de la nuit cache bien ton départ;
Si l'on te voit sortir, mon honneur court hasard.
La seule occasion qu'aura la médisance,
C'est de savoir qu'ici j'ai souffert ta présence:
Ne lui donne point lieu d'attaquer ma vertu.
D. RODRIGUE: Que je meure!
CHIMÈNE: Va t'en.
D. RODRIGUE: A quoi te résous-tu?
CHIMÈNE: Malgré des feux si beaux qui troublent ma colère,
Je ferai mon possible à bien venger mon père;
Mais, malgré la rigueur d'un si cruel devoir,
Mon unique souhait est de ne rien pouvoir.
D. RODRIGUE: O miracle d'amour!

CHIMÈNE: O comble de misères!
D. RODRIGUE: Que de maux et de pleurs nous coûteront nos pères!
CHIMÈNE: Rodrigue, qui l'eût cru? ...
D. RODRIGUE: Chimène, qui l'eût dit? ...
CHIMÈNE: Que notre heur fût si proche, et sitôt se perdît?
D. RODRIGUE: Et que si près du port, contre toute apparence,
Un orage si prompt brisât notre espérance?
CHIMÈNE: Ah! mortelles douleurs!
D. RODRIGUE: Ah! regrets superflus!
CHIMÈNE: Va-t'en, encore un coup, je ne t'écoute plus.
D. RODRIGUE: Adieu; je vais traîner une mourante vie,
Tant que par ta poursuite elle me soit ravie.
CHIMÈNE: Si j'en obtiens l'effet, je t'engage ma foi
De ne respirer pas un moment après toi.
Adieu; sors, et surtout garde bien qu'on te voie.

Pierre Corneille: *Le Cid*, III, 4, Vers 933–997. In: Théâtre Complet de Corneille, Bd. 1, Paris o. J., Classiques Garnier, S. 624–627

François de La Rochefoucauld (1613–1680)

Als Prinz von Marsillac und Herzog sollte sein Leben zunächst nicht durch die Literatur bestimmt sein. Er ist schon mit sechzehn Soldat in Italien und intrigiert später gegen die Machtübernahme Richelieus. Dann wechselt er die Fronten, hat aber in der **Fronde** gegen Mazarin ebenso wenig Erfolg. Diesen Fehlschlägen und mehreren Verwundungen verdanken wir es, dass er die zweite Hälfte seines Lebens der Beobachtung der Menschen, ihrer seelischen Struktur und ihrer Triebfedern gewidmet hat. Das Ergebnis, das er 1656 in seinen *Maximes* publiziert, ist eher pessimistisch, vielleicht aber auch nur realistisch.

Er wird glänzender Mittelpunkt der **Salons** von Mlle de Scudéry, Mlle de Montpensier und Mme de Sablé. Hier fällt ihm mühelos der Erfolg zu, den er im politischen Leben vergeblich angestrebt hatte. Er ist die Verkörperung des klassischen Menschentyps des „**honnête homme**". Als Erster lehnt er sogar eine Berufung in die Académie Française ab und bewahrt bis in die Todesstunde die Haltung des echten Stoikers.

François de La Rochefoucauld: Maximes 5–21

[Über die Leidenschaften] *Die französischen Moralisten sind skeptisch gegenüber der Abstraktheit der großen philosophischen Systeme. Es geht ihnen um Erkenntnis, die an der Wirklichkeit überprüfbar ist. Aussagen machen sie daher nur zu Detailfragen in der denkbar kürzesten Form der Reflexion, der Maxime, der Sentenz. Diese Gattung wird später Goethe wieder aufnehmen in seinen „Maximen und Reflexionen".*

Montaigne, La Rochefoucauld, La Bruyère, Chamfort und später Montesquieu heißen nicht wegen einer besonders strengen Moralauffassung Moralisten. Das Wort nimmt vielmehr die ursprüngliche lateinische Bedeutung des Wortes von „mores" wieder auf. Moralisten verstehen sich als Sittenschilderer, oder modern gesprochen, als empirische Psychologen. La Rochefoucauld verdanken wir die großartige Analyse der menschlichen Leidenschaften, der Selbstachtung, „amour propre" genannt, und der daraus entstehenden Mechanismen der Selbsttäuschung und des Wunschdenkens bis hin zur Ideologie.

Erst Schopenhauer und Nietzsche, der übrigens auch kein System des Denkens entworfen hat, sollten die Bedeutung der französischen Moralisten für die moderne Philosophie und Psychologie angemessen würdigen.

5 La durée de nos passions ne dépend pas plus de nous que la durée de notre vie.

6 La passion fait souvent un fou du plus habile homme, et rend souvent les plus sots habiles.

7 Ces grandes, et éclatantes actions qui éblouissent les yeux sont représentées par les politiques comme les effets des grands desseins, au lieu que ce sont d'ordinaire les effets de l'humeur et des passions. Ainsi la guerre d'Auguste et d'Antoine, qu'on rapporte à l'ambition qu'ils avaient de se rendre maîtres du monde, n'était peut-être qu'un effet de jalousie.

8 Les passions sont les seuls orateurs qui persuadent toujours. Elles sont comme un art de la nature dont les règles sont infaillibles; et l'homme le plus simple qui a de la passion persuade mieux que le plus éloquent qui n'en a point.

9 Les passions ont une injustice et un propre intérêt qui fait qu'il est dangereux de les suivre, et qu'on s'en doit défier lors même qu'elles paraissent les plus raisonnables.

10 Il y a dans le cœur humain une génération perpétuelle de passions, en sorte que la ruine de l'une est presque toujours l'établissement d'une autre.

11 Les passions en engendrent souvent qui leur sont contraires. L'avarice produit quelquefois la prodigalité, et la prodigalité l'avarice; on est souvent ferme par faiblesse, et audacieux par timidité.

12 Quelque soin que l'on prenne de couvrir ses passions par des apparences de piété et d'honneur, elles paraissent toujours au travers de ces voiles.

13 Notre amour-propre souffre plus impatiemment la condamnation de nos goûts que de nos opinions.

14 Les hommes ne sont pas seulement sujets à perdre le souvenir des bienfaits et des injures; ils haïssent même ceux qui les ont obligés, et cessent de haïr ceux qui leur ont fait des outrages. L'application à récompenser le bien, et à se venger du mal, leur paraît une servitude à laquelle ils ont peine de se soumettre.

15 La clémence des princes n'est souvent qu'une politique pour gagner l'affection des peuples.

16 Cette clémence dont on fait une vertu se pratique tantôt par vanité, quelquefois par paresse, souvent par crainte, et presque toujours par tous les trois ensemble.

17 La modération des personnes heureuses vient du calme que la bonne fortune donne à leur humeur.

18 La modération est une crainte de tomber dans l'envie et dans le mépris que méritent ceux qui s'enivrent de leur bonheur; c'est une vaine ostentation de la force de notre esprit; et enfin la modération des hommes dans leur plus haute élévation est un désir de paraître plus grands que leur fortune.

19 Nous avons tous assez de force pours supporter les maux d'autrui.

20 La constance des sages n'est que l'art de renfermer leur agitation dans le cœur.

21 Ceux qu'on condamne au supplice affectent quelquefois une constance et un mépris de la mort qui n'est en effet que la crainte de l'envisager. De sorte qu'on peut dire que cette constance et ce mépris sont à leur esprit ce que le bandeau est à leurs yeux.

François de La Rochefoucauld: *Maximes*, Paris 1967, Classiques Garnier, S. 8–11

Molière (Jean-Baptiste Poquelin, 1622–1673)

Molière ist ein Künstlername; dieser Dichter war zunächst ein Vollblutschauspieler und Theatermann. Für seine Komödien konnte er zwölf Jahre lang Charakter- und Sittenstudien in der Provinz machen. Das bürgerliche Milieu kannte er aus dem Elternhaus und mit seinem ersten großen Erfolg in Paris wurde er zum bevorzugten Hofdichter des Königs.

Les Précieuses Ridicules (1659) karikiert die weiblichen Bildungssnobs und die Affektation der adeligen Stutzer. Damit zog er sich notwendig die ersten Feinde zu; seine Berufskollegen waren es ohnehin aus Neid. Noch größere Schwierigkeiten sollte er aber mit der Satire der religiösen Verlogenheit haben. Er kannte aus seiner Schulzeit die **scholastische Philosophie** nur zu gut und hatte selbst **Plautus, Terenz** und **Lukrez** aus dem Lateinischen übersetzt. So wird die erste Fassung des *Tartuffe* 1664 verboten; der Theologe Roullé will Molière gar auf dem Scheiterhaufen sehen. Er muss als warnendes Beispiel im *Dom Juan* (1665) das schlimme Ende eines bösen Atheisten auf die Bühne bringen, obwohl er wahrscheinlich mit den **Libertins**, den materialistischen Untergrundphilosophen der Zeit, sympathisiert. Für Mathematik und Physik hatte er sich schon auf dem Collège Louis-le-Grand interessiert und später wahrscheinlich zusammen mit Cyrano de Bergerac den großen **Gassendi** gehört.

In der Kritik der verlogenen Frömmigkeit zeigte Molière jedenfalls eine sonst nicht bewiesene Zähigkeit. Nach fünf Jahren kann er 1669 die zweite Fassung des *Tartuffe* aufführen. Die jansenistischen Fundamentalisten sind zu diesem Zeitpunkt verboten und die Sympathie des Königs ist ihm danach nicht mehr zu nehmen. Er schreibt noch drei seiner großen Erfolge und stirbt, als Theatermann schicksalhaft, mitten in einer Aufführung von *Le Malade imaginaire*.

Molière: Le Tartuffe

[Thematik: Ein Jesuit als Don Juan] *Das Stück enthält den Ansatz zu einer Tragödie. Hier wird ein allzu Leichtgläubiger von einem falschen Freund und frommen Heuchler beinahe um Haus und Gut und Familie gebracht. Der Schurke bedient sich einer Schwäche des Hausherrn, die paradoxerweise im christlichen Sinnc eine Tugend ist, der karitativen Großzügigkeit. Allerdings hat man den Eindruck, dass Orgon den Hausfreund durch seine Almosen gewissermaßen stellvertretend das Paradies für sich miterwerben lässt. Seine Borniertheit empört den Zuschauer jedoch nur so lange, wie er sich in ihm nicht selbst wiedererkennt. Orgon glaubt das, was er glauben will, und hat daher aus sich selbst keine Chance, das Gefängnis seiner Selbsttäuschung zu durchbrechen.*

Nur zwei Frauen vertreten hier den gesunden Menschenverstand, doch als sie den Heuchler entlarven, ist es schon zu spät. Der endlich erwachte Orgon will den Betrüger verjagen, doch stellt sich heraus, dass er in seiner Blindheit diesem bereits Hab und Gut vermacht hat und nun seinerseits aus dem eigenen Haus gewiesen wird.

Man sieht, die Problematik hat natürlicherweise keine Lösung. Darum muss ein Deus ex Machina eingreifen. Die Ordnungsmacht, die in dieser Welt die tragischen Extreme des Bösen verhütet, ist der König in Gestalt seines Beamten; doch bleibt die Moral: Die Borniertheit der Gläubigen ist schlimmer als der Zynismus der Gottesleugner.

TARTUFFE: Mon sein n'enferme pas un cœur qui soit de pierre.
ELMIRE: Pour moi, je crois qu'au Ciel tendent tous vos soupirs,
Et que rien ici-bas n'arrête vos désirs.
TARTUFFE: L'amour qui nous attache aux beautés éternelles
N'étouffe pas en nous l'amour des temporelles;
Nos sens facilement peuvent être charmés
Des ouvrages parfaits que le Ciel a formés.
Ses attraits réfléchis brillent dans vos pareilles;
Mais il étale en vous ses plus rares merveilles:
Il a sur votre face épanché des beautés
Dont les yeux sont surpris, et les cœurs transportés,
Et je n'ai pu vous voir, parfaite créature,
Sans admirer en vous l'auteur de la nature,
Et d'une ardente amour sentir mon cœur atteint,
Au plus beau des portraits où lui-même il s'est peint.
D'abord j'appréhendais que cette ardeur secrète
Ne fût du noir esprit une surprise adroite;
Et même à fuir vos yeux mon cœur se résolut,
Vous croyant un obstacle à faire mon salut.
Mais enfin je connus, ô beauté toute aimable,
Que cette passion peut n'être point coupable,
Que je puis l'ajuster avecque la pudeur,
Et c'est ce qui m'y fait abandonner mon cœur.
Ce m'est, je le confesse, une audace bien grande
Que d'oser de ce cœur vous adresser l'offrande;
Mais j'attends en mes vœux tout de votre bonté,

Et rien des vains efforts de mon infirmité;
En vous est mon espoir, mon bien, ma quiétude,
De vous dépend ma peine ou ma béautitude,
Et je vais être enfin, par votre seul arrêt,
Heureux, si vous voulez, malheureux, s'il vous plaît.
ELMIRE: La déclaration est tout à fait galante,
Mais elle est, à vrai dire, un peu bien surprenante.
Vous deviez, ce me semble, armer mieux votre sein,
Et raisonner un peu sur un pareil dessein.
Un dévot comme vous, et que partout on nomme …
TARTUFFE: Ah! pour être dévot, je n'en suis pas moins homme;
Et lorsqu'on vient à voir vos célestes appas,
Un cœur se laisse prendre, et ne raisonne pas.
Je sais qu'un tel discours de moi paraît étrange;
Mais, Madame, après tout, je ne suis pas un ange;
Et si vous condamnez l'aveu que je vous fais,
Vous devez vous en prendre à vos charmants attraits.
Dès que j'en vis briller la splendeur plus qu'humaine,
De mon intérieur vous fûtes souveraine;
De vos regards divins l'ineffable douceur
Força la résistance où s'obstinait mon cœur;
Elle surmonta tout, jeûnes, prières, larmes,
Et tourna tous mes vœux du côté de vos charmes.
Mes yeux et mes soupirs vous l'ont dit mille fois,
Et pour mieux m'expliquer j'emploie ici la voix.
Que si vous contemplez d'une âme un peu bénigne
Les tribulations de votre esclave indigne,
S'il faut que vos bontés veuillent me consoler
Et jusqu'à mon néant daignent se ravaler,
J'aurai toujours pour vous, ô suave merveille,
Une dévotion à nulle autre pareille.
Votre honneur avec moi ne court point de hasard,
Et n'a nulle disgrâce à craindre de ma part.
Tous ces galans de cour, dont les femmes sont folles,
Sont bruyants dans leurs faits et vains dans leur paroles,
De leurs progrès sans cesse on les voit se targuer;
Ils n'ont point de faveurs qu'ils n'aillent divulguer,
Et leur langue indiscrète, en qui l'on se confie,
Déshonore l'autel où leur cœur sacrifie.
Mais les gens comme nous brûlent d'un feu discret,
Avec qui pour toujours on est sûr du secret:
Le soin que nous prenons de notre renommée
Répond de toute chose à la personne aimée,
Et c'est en nous qu'on trouve, acceptant notre cœur,
De l'amour sans scandale et du plaisir sans peur.

ELMIRE: Je vous écoute dire, et votre rhétorique
En termes assez forts à mon âme s'explique.
N'appréhendez-vous point que je ne sois d'humeur
A dire à mon mari cette galante ardeur,
Et que le prompt avis d'un amour de la sorte
Ne pût bien altérer l'amitié qu'il vous porte?
TARTUFFE: Je sais que vous avez trop de bénignité,
Et que vous ferez grâce à ma témérité,
Que vous m'excuserez sur l'humaine faiblesse
Des violents transports d'un amour qui vous blesse,
Et considérerez, en regardant votre air,
Que l'on n'est pas aveugle, et qu'un homme est de chair.

Molière: *Le Tartuffe*, III, 3, Vers 930–1012. In: Théâtre Complet de Molière, Paris 1960, Classiques Garnier, Bd. 1, S. 672–674

Jean Racine (1639–1699)

Jean Racine hatte vor allen klassischen Autoren einen mächtigen Vorsprung in der klassischen Bildung. Während auf den Jesuitenkollegs im Schwerpunkt Latein gelehrt, die Stoiker gelesen und vor allem die Tragödien von Seneka aufgeführt wurden, erfuhr Racine bei den **Jansenisten von Port-Royal** eine wesentlich andere Erziehung. Hier stand das Griechische im Mittelpunkt; Latein konnte er ohnehin. Er las die Tragödien von **Sophokles** und **Euripides** im Text und heimlich auch den Liebesroman von Heliodor.

Ebenso wichtig ist indessen, dass er bei den Reformtheologen neben Thomas von Aquin wie Luther vor allem **Augustinus** gelesen hat. Die Augustinische Lehre von der „**illuminatio**" ist später in der tragischen Gestalt seiner **Phèdre** unmittelbar verkörpert. Illuminatio ist bei Augustinus die blitzhafte Erhellung des menschlichen Geistes durch den göttlichen Funken der Erkenntnis. Das erscheint bei Phädra dreimal als der unmittelbare Anruf ihres Gewissens. Im Konflikt zwischen Theologie und Kunst fällt die Entscheidung aber eindeutig für das Theater (1663). In Paris fördert ihn zunächst Molière, doch hat er mit dem Durchbruch seiner *Andromaque* seit 1676 keine Protektion mehr nötig. Für das Kulturleben der Hauptstadt ist es typisch, dass sich sofort eine Intrige der Anhänger des Theaters von Corneille entspinnt. Racine zeigt indessen schnell, dass er Corneille auch in dessen eigenem römischen Stil überlegen ist, und geht mit *Iphigénie* (1674) glanzvoll aus allen Vergleichen hervor.

In den letzten zwanzig Jahren seines Lebens hält er es wohl für klüger, sich anzupassen. Er ist ohnehin Mitglied der Akademie, jetzt wird er auch noch mit **Boileau** persönlicher Historiograf des Königs. Er heiratet und hat sieben Kinder, doch engagiert er sich gegen Ende seines Lebens noch einmal für seine jetzt geächteten jansenistischen Lehrer. Als er stirbt, hat er sich mit ihnen ausgesöhnt und wird in Port-Royal begraben.

Jean Racine: Phèdre

[Thematik: Liebe und Eifersucht] *Phädra ist die Frau des großen Theseus, des Königs von Athen. Sie liebt aber Hippolyt, Theseus' Sohn aus erster Ehe. Als die Nachricht vom Tode des Theseus auf einer seiner Fahrten kommt, glaubt sie, dem Stiefsohn ihre Liebe gestehen zu können, doch der junge Mann weist sie entsetzt zurück.*

Phädra will sich das Leben nehmen, als noch eine zweite Nachricht meldet, dass Theseus gar nicht tot ist. Jetzt verliert sie vollends die Kontrolle über ihre Entscheidungen und lässt ihre Vertraute Œnone an ihrer Stelle handeln. Diese hat als ihre Amme von Jugend an einen starken Einfluss auf sie. Sie glaubt der jetzt ihrer Herrin drohenden Denunziation zuvorzukommen, indem sie Hippolyt bei Theseus der Vergewaltigung bezichtigt.

Theseus beschwört in fassungsloser Wut die Rache des Gottes Poseidon auf das Haupt des unwürdigen Sohnes herab. Als Phädra die Verleumdung aufklären will, ist es bereits zu spät. Zudem erfährt sie, dass Hippolyt sie nur zurückgewiesen hat, weil er eine andere Frau, Aricie, liebt. Das stürzt sie noch einmal in den fürchterlichsten Wirbel der Eifersucht. Doch wie schon zuvor zeigt ihr auch jetzt das eigene Gewissen blitzhaft die bessere Einsicht.

Statt die Nebenbuhlerin zu vernichten, gesteht sie ihre Schuld und geht selbst in den Tod. Theseus gehen die Augen auf fürchterliche Weise auf. Er bleibt als unglücklicher Vater und Gatte zurück, gelobt aber praktische Sühne für seine blinde Wut.

PHÈDRE: Ah! douleur non encore éprouvée!
A quel nouveau tourment je me suis réservée!
Tout ce que j'ai souffert, mes craintes, mes transports,
La fureur de mes feux, l'horreur de mes remords,
Et d'un cruel refus l'insupportable injure,
N'était qu'un faible essai du tourment que j'endure.
Ils s'aiment! Par quel charme ont-ils trompé mes yeux?
Comment se sont-ils vus? depuis quand? dans quels lieux?
Tu le savais: pourquoi me laissais-tu séduire?
De leur furtive ardeur ne pouvais-tu m'instruire?
Les a-t-on vus souvent se parler, se chercher?
Dans le fond des forêts allaient-ils se cacher?
Hélas! ils se voyaient avec pleine licence:
Le ciel de leurs soupirs approuvait l'innocence;
Ils suivaient sans remords leur penchant amoureux;
Tous les jours se levaient clairs et sereins pour eux!
Et moi, triste rebut de la nature entière,
Je me cachais au jour, je fuyais la lumière;

La mort est le seul dieu que j'osais implorer.
J'attendais le moment où j'allais expirer;
Me nourrissant de fiel, de larmes abreuvée,
Encor, dans mon malheur de trop près observée,
Je n'osais dans mes pleurs me noyer à loisir.
Je goûtais en tremblant ce funeste plaisir;
Et, sous un front serein déguisant mes alarmes,
Il fallait bien souvent me priver de mes larmes.
ŒNONE: Quel fruit recevront-ils de leurs vaines amours?
Ils ne se verront plus.
PHÈDRE: Ils s'aimeront toujours!
Au moment que je parle, ah! mortelle pensée!
Ils bravent la fureur d'une amante insensée!
Malgré ce même exil qui va les écarter,
Ils font mille serments de ne se point quitter.
Non, je ne puis souffrir un bonheur qui m'outrage,
Œnone, prends pitié de ma jalouse rage.
Il faut perdre Aricie; il faut de mon époux
Contre un sang odieux réveiller le courroux:
Qu'il ne se borne pas à des peines légères!
Le crime de la sœur passe celui des frères.
Dans mes jaloux transports je le veux implorer.
Que fais-je? Où ma raison se va-t-elle égarer?
Moi jalouse! Et Thésée est celui que j'implore!
Mon époux est vivant, et moi je brûle encore!
Pour qui? Quel est le cœur où prétendent mes vœux?
Chaque mot sur mon front fait dresser mes cheveux.
Mes crimes désormais ont comblé la mesure:
Je respire à la fois l'inceste et l'imposture;
Mes homicides mains, promptes à me venger
Dans le sang innocent brûlent de se plonger.
Misérable! et je vis! et je soutiens la vue
De ce sacré soleil dont je suis descendue!
J'ai pour aïeul le père et le maître des dieux;
Le ciel, tout l'univers est plein de mes aïeux;
Où me cacher? Fuyons dans la nuit infernale.
Mais que dis-je? mon père y tient l'urne fatale;
Le sort, dit-on, l'a mise en ses sévères mains:
Minos juge aux enfers tous les pâles humains.
Ah! combien frémira son ombre épouvantée,
Lorsqu'il verra sa fille à ses yeux présentée,
Contrainte d'avouer tant de forfaits divers,
Et des crimes peut-être inconnus aux enfers!
Que diras-tu, mon père, à ce spectacle horrible?
Je crois voir de ta main tomber l'urne terrible;

Je crois te voir, cherchant un supplice nouveau,
Toi-même de ton sang devenir le bourreau.
Pardonne: un dieu cruel a perdu ta famille;
Reconnais sa vengeance aux fureurs de ta fille.
Hélas! du crime affreux dont la honte me suit,
Jamais mon triste cœur n'a recueilli le fruit:
Jusqu'au dernier soupir de malheurs poursuivie
Je rends dans les tourments une pénible vie.

Jean Racine: *Phèdre*, IV, 4, Vers 1225–1294. In: Théâtre Complet de Racine, Paris 1960, Classiques Garnier, S. 581 f.

Jean de La Fontaine (1621–1695)

Der Dichter der Fabeln war ein Spätberufener. Er hatte sich bereits in fast allen literarischen Gattungen versucht, bevor 1668 der erste Band der Dichtung erscheint, die ihn unsterblich machen wird. Sein Lebenslauf zeigt in bedrückender Weise, wie die Kunst in diesem Jahrhundert völlig von der Protektion adeliger Mäzene abhängig ist. Um zu existieren, schrieb La Fontaine für seine Gönner alles, von geistlicher Dichtung bis zu Opernlibretti. Für sein Werk brachte das aber zwei entscheidende Vorzüge. Wie Molière konnte er in der ersten Hälfte seines Lebens die Menschen beobachten, bevor er sie in der allegorischen Verkleidung der Tiergestalten in Szene setzte. Aber auch ohne dieses psychologische Interesse würden seine Fabeln allein durch die Qualität ihrer Verse zur großen Dichtung gehören. La Fontaine konnte auch für die Ausbildung seiner formalen Perfektion die lange Vorlaufzeit in den Salons der adeligen Pariser Damen fruchtbar machen. Indessen übertrifft er seine antiken Vorbilder **Äsop** und **Phädrus** vor allem durch inhaltliche Vertiefung und Aktualisierung der alten Strukturen, ohne die von ihm selbst neu erfundenen zu zählen. Mit dem zweiten Band seiner Fabeln von 1771 erweitert sich sein Werk ohnehin zu einem Sammelbecken der europäischen und der orientalischen Erzählkunst.

Jean de La Fontaine: Le Loup et l'Agneau

[Thematik: Die Rhetorik der Macht] *Die Rhetorik ist die Kunst der Überredung. Zur Durchsetzung seiner Interessen hat sie der Mächtige gegenüber dem Machtlosen im Grunde gar nicht nötig. Der Wolf könnte das Lamm ohne jede Vorrede packen und auffressen. Auffällig ist, dass er überhaupt einen Vorwand entwickelt. Das hat Platon dadurch erklärt, dass das Verbrechen sich zumindest den Schein der Rechtmäßigkeit geben muss und seine Fratze selten unverhüllt zeigt.*

Die Argumentation des Wolfes ist so fadenscheinig, weil er sie eben nicht nötig hat. Rhetorisch interessant ist allein, wie er von jedem seiner Scheingründe auf einen weiteren, allgemeineren übergeht. Je allgemeiner eine Argumentation wird, desto schwieriger ist sie ja an einem genauen Punkt zu fassen. Das erste Argument der Majestätsbeleidigung beruht noch konkret auf der Sache der Wassertrübung, ist jedoch durch evidente Gründe der mechanischen Realität unmittelbar widerlegt. Das zweite Argument der Verleumdung geht auf die Person des Lamms und ist offensichtlich aus der Luft geholt. Auch die Erweiterung auf die Person des Bruders zeigt sich als willkürliche Unterstellung. Die extreme Erweiterung der Argumentationsbasis wirft schließlich Schaf, Hund und Schäfer in einen Topf und führt sich ad absurdum, indem sie den Selbstschutz der Schäfer und Hunde vor dem Raub als Aggression gegen den Wolf deklariert. In diese Aggression kann das Lamm nicht mehr inbegriffen sein. Es fällt nicht schwer, in dieser scheinbar harmlosen Tiergeschichte eine bittere Satire auf die Struktur der absoluten Macht zu erkennen.

La raison du plus fort est toujours la meilleure:
Nous l'allons montrer tout à l'heure.
Un Agneau se désaltérait
Dans le courant d'une onde pure.
Un Loup survient à jeun qui cherchait aventure,
Et que la faim en ces lieux attirait.
Qui te rend si hardi de troubler mon breuvage?
Dit cet animal plein de rage:
Tu seras châtié de ta témérité.
Sire, répond l'Agneau, que votre Majesté
Ne se mette pas en colère;
Mais plutôt qu'elle considère
Que je me vas désaltérant
Dans le courant,
Plus de vingt pas au-dessous d'Elle,
Et que par conséquent, en aucune façon,
Je ne puis troubler sa boisson.
Tu la troubles, reprit cette bête cruelle,
Et je sais que de moi tu médis l'an passé.
Comment l'aurais-je fait si je n'étais pas né?
Reprit l'Agneau, je tette encor ma mère.
Si ce n'est toi, c'est donc ton frère.
Je n'en ai point. – C'est donc quelqu'un des tiens:
Car vous ne m'épargnez guère,
Vous, vos bergers, et vos chiens.
On me l'a dit: il faut que je me venge.
Là-dessus, au fond des forêts
Le Loup l'emporte, et puis le mange,
Sans autre forme de procès.

Jean de La Fontaine: *Fables*, I, 10, Paris 1962, Classiques Garnier, S. 43 f.

Jean de La Bruyère (1645–1696)

Auch dieser Moralist formuliert seine Erkenntnisse über die Menschen erst nach reicher Erfahrung in der Mitte seines Lebens. Auch er kennt das bürgerliche Milieu durch die eigene Familie und wird zunächst Jurist wie Corneille, Molière und La Fontaine. Als Hauslehrer und Sekretär beim großen Condé erschließt sich ihm dann der Zugang zum adeligen Umkreis.

Wie bei Racine ist die Kenntnis des Griechischen Anstoß zu seinem Lebenswerk. Er beruft sich im Vorspann seiner *Caractères* auf das Werk des griechischen Autors **Theophrast** mit gleichlautendem Titel, das er übersetzt und weit übertrifft, ähnlich wie La Fontaine über Äsop und Phädrus hinausgeht. Bei seiner Beobachtung der Menschen geht er so nah an die Objekte heran, dass er sich die Empörung vieler hoch gestellter Personen zuzieht, die sich in seinen Charakterbildern wiederzuerkennen glauben. Außer den psychologischen Porträts einzelner Menschen versucht er auch schon eine Psychologie der Altersstufen, so in den Reflexionen 50–59 im Kapitel „De l'Homme". Seine Formulierungen sind so artistisch zugespitzt, dass er fast schon wieder an die Manier der preziösen Salons vom Anfang des Jahrhunderts anknüpft, doch sind seit La Rochefoucauld dreißig Jahre ins Land gegangen.

Jean de La Bruyère: Les Caractères, «De l'homme», 50–59

Auf dem Titelbild der Maximes *von La Rochefoucauld war 1665 die Demaskierung der stoischen Philosophie als Programm symbolisch dargestellt. La Bruyère bringt eine Generation später das Problem auf den Begriff. In seiner dritten Reflexion über den Menschen wird deutlich, dass dieses Jahrhundert der klassischen Ordnung und Klarheit viel stärker bei den Leidenschaften engagiert ist, aber das sind nur zwei Seiten derselben Medaille:*

„Der Stoizismus ist ein Gedankenspiel und eine (utopische) Idee wie der platonische Staat. Die Stoiker haben vorgegeben, dass man in der Armut fröhlich sein kann, unempfindlich für Beleidigungen, Undankbarkeit, Verlust von Gütern wie Freunden und Verwandten; dass man den Tod gleichmütig wie eine neutrale Sache ansehen kann, die weder Freude noch Trauer erregen sollte; dass man weder durch Lust noch Schmerz besiegt wird; dass man Eisen oder Feuer an einem Körperteil aushalten kann, ohne den kleinsten Seufzer auszustoßen oder nur eine Träne zu vergießen; und sie sind darauf verfallen, dieses so erdachte Scheinbild von Tugend und Standhaftigkeit als den Weisen zu bezeichnen. Dem Menschen haben sie alle Fehler gelassen, die sie an ihm gefunden haben, und fast keine seiner Schwächen aufgezeigt. Statt von seinen Untugenden abschreckende oder lächerliche Darstellungen zu machen, die dazu gedient hätten, sie ihm abzugewöhnen, haben sie ihm das Idealbild einer Vollkommenheit entworfen und eines Heroismus, dessen er nicht fähig ist, und haben das Unmögliche von ihm verlangt.

So steht der Weise, der gar nicht oder nur in der Vorstellung existiert, von Natur und durch eigene Kraft über allen Ereignissen und allen Leiden: weder die schmerzhafteste Gicht noch die heftigste Kolik können ihm eine Klage entreißen; Himmel und Erde können zusammenstürzen, ohne ihn in ihrem Fall mitzureißen, und er würde unerschüttert auf den Trümmern des Universums zurückbleiben: während doch der wirklich existierende Mensch außer sich gerät, schreit, verzweifelt, die Augen rollt und fast erstickt, nur weil ihm ein Hund entlaufen oder eine Vase zerbrochen ist."

50 Les enfants sont hautains, dédaigneux, colères, envieux, curieux, intéressés, paresseux, volages, timides, intempérants, menteurs, dissimulés; ils rient et pleurent facilement; ils ont des joies immodérées et des afflictions amères sur de très petits sujets; ils ne veulent point souffrir de mal, et aiment à en faire: ils sont déjà des hommes.

51 Les enfants n'ont ni passé ni avenir, et, ce qui ne nous arrive guère, ils jouissent du présent.

52 Le caractère de l'enfance paraît unique; les mœurs, dans cet âge, sont assez les mêmes, et ce n'est qu'avec une curieuse attention qu'on en pénètre la différence: elle augmente avec la raison, parce qu'avec celle-ci croissent les passions et les vices, qui seuls rendent les hommes si dissemblables entre eux, et si contraires à eux-mêmes.

53 Les enfants ont déjà de leur âme l'imagination et la mémoire, c'est-à-dire ce que les vieillards n'ont plus, et ils en tirent un merveilleux usage pour leurs petits jeux et pour tous leurs amusements: c'est par elles qu'ils répètent ce qu'ils ont entendu dire, qu'ils contrefont ce qu'ils ont vu faire, qu'ils sont de tous métiers, soit qu'ils s'occupent en effet à mille petits ouvrages, soit qu'ils imitent les divers artisans par le mouvement et par le geste; qu'ils se trouvent à un grand festin, et y font bonne chère; qu'ils se transportent dans les palais et dans les lieux enchantés; que bien que seuls, ils se voient un riche équipage et un grand cortège; qu'ils conduisent des armées, livrent bataille, et jouissent du plaisir de la victoire; qu'ils parlent aux rois et aux plus grands princes; qu'ils sont rois eux-mêmes, ont des sujets, possèdent des trésors, qu'ils peuvent faire des feuilles d'arbres ou de grains de sable; et, ce qu'ils ignorent dans la suite de leur vie, savent à cet âge être les arbitres de leur fortune, et les maîtres de leur propre félicité.

54 Il n'y a nuls vices extérieurs et nuls défauts du corps qui ne soient aperçus par les enfants; ils les saisissent d'une première vue, et ils savent les exprimer par des mots convenables: on ne nomme point plus heureusement. Devenus hommes, il sont chargés à leur tour de toutes les imperfections dont ils se sont moqués.

L'unique soin des enfants est de trouver l'endroit faible de leurs maîtres, comme de tous ceux à qui ils sont soumis: dès qu'ils ont pu les entamer, ils gagnent le dessus, et prennent sur eux un ascendant qu'ils ne perdent plus. Ce qui nous fait déchoir une première fois de cette supériorité à leur égard est toujours ce qui nous empêche de la recouvrer.

55 La paresse, l'indolence et l'oisiveté, vices si naturels aux enfants, disparaissent dans leurs jeux, où ils sont vifs, appliqués, exacts, amoureux des règles et de la symétrie, où ils ne se pardonnent nulle faute les uns aux autres, et recommencent eux-mêmes plusieurs fois une seule chose qu'ils ont manquée: présages certains qu'ils pourront un jour négliger leurs devoirs, mais qu'ils n'oublieront rien pour leurs plaisirs.

56 Aux enfants tout paraît grand, les cours, les jardins, les édifices, les meubles, les hommes, les animaux; aux hommes les choses du monde paraissent ainsi, et j'ose dire par la même raison, parce qu'ils sont petits.

57 Les enfants commencent entre eux par l'état populaire, chacun y est le maître; et ce qui est bien naturel, ils ne s'en accommodent pas longtemps et passent au monarchique. Quelqu'un se distingue, ou par une plus grande vivacité, ou par une meilleure disposition du corps, ou par une connaissance plus exacte des jeux différents et des petits lois qui les composent; les autres lui défèrent, et il se forme alors un gouvernement absolu qui ne roule que sur le plaisir.

58 Qui doute que les enfants ne conçoivent, qu'ils ne jugent, qu'ils ne raisonnent conséquemment? Si c'est seulement sur de petites choses, c'est qu'ils sont enfants, et sans une longue expérience; et si c'est en mauvais termes, c'est moins leur faute que celle de leurs parents ou de leurs maîtres.

59 C'est perdre toute confiance dans l'esprit des enfants, et leur devenir inutile, que de les punir des fautes qu'ils n'ont point faites, ou même sévèrement de celles qui sont légères. Ils savent précisément et mieux que personne ce qu'ils méritent, et ils ne méritent guère que ce qu'ils craignent. Ils connaissent si c'est à tort ou avec raison qu'on les châtie, et ne se gâtent pas moins par des peines mal ordonnées que par l'impunité.

Jean de la Bruyère: *Les Caractères*, Paris 1962, Classiques Garnier, S. 314 – 317

Zeittafel zur französischen Klassik

	Politik, Gesellschaft und Kultur	Literatur
1598	Edikt von Nantes (Heinrich IV. gesteht Protestanten Religionsfreiheit zu)	
1608	erste Kolonie Frankreichs (Québec)	
1610	† Heinrich IV.	
1624	Machtübernahme durch Richelieu	
1628	Eroberung La Rochelles (Zentrum der calvinistischen Reformation)	
1630	Salon von Rambouillet (eines der elitären Zentren des literarischen Lebens)	
1634	Gründung der Académie Française	
		Corneille: Le Cid (1636)
1637	Descartes: Discours de la Méthode	
1642	† Ludwig XIII. † Richelieu	
1643	Machtübernahme durch Mazarin	
1648	Westfälischer Friede	
1652	Fronde (Opposition des Parlaments und der Aristokratie gegen die Zentralgewalt des Königs)	
1653	Verurteilung der Jansenisten (Reformtheologen, von der offiziellen Kirche verurteilt)	
1656	Pascal: Lettres Provinciales	
		Molière: Les Précieuses Ridicules (1659)
1661	† Mazarin Machtübernahme durch Ludwig XIV.	
1664	Colbert Finanzminister	La Rochefoucauld: Maximes (1665)
		Racine: Andromaque (1667)
1668	Pascal: Pensées	La Fontaine: Fables (1668)
1672	Krieg gegen Holland	
		Racine: Phèdre (1677)
		Madame de la Fayette: La Princesse de Clèves (1678, berühmtester Roman der französischen Klassik, entwickelte eine typische Konzeption der Liebe)
1679	Fertigstellung Schloss Versailles	
1685	Widerrufung des Edikts von Nantes	
		La Bruyère: Les Caractères (1688)
1697	Friede von Rijswijck	
1701–13	spanischer Erbfolgekrieg	
1705	† Ludwig XIV.	

Das 18. Jahrhundert

Das epochale Ereignis dieses Jahrhunderts ist die Französische Revolution. Montesquieu, Rousseau und Voltaire entwickeln in ihren Schriften die Struktur des Rechtstaates. Die bürgerliche Gesellschaft hat sich danach als Weltgesellschaft über die ganze Erde ausgebreitet. Hegel, Schelling und Hölderlin verfolgen im Tübinger Stift die französischen Ereignisse mit heißem Herzen. Mit den Romanen Rousseaus beginnt auch die europäische Romantik.

Fertigung von Schraubstöcken. Illustration aus dem *Kritischen Lexikon der Wissenschaften, Künste und Techniken* von Diderot und D'Alembert, das den Wissensbestand der Zeit zusammenfassen wollte.

Die historische Situation Frankreichs im 18. Jahrhundert

Am Anfang des Jahrhunderts steht der Tod Ludwigs XIV. Mit diesem Ereignis und dem vorausgegangenen Fehlschlag im **Spanischen Erbfolgekrieg** ist der Niedergang der absoluten Monarchie eingeleitet, der am Ende des Jahrhunderts zur Französischen Revolution führt. Mit ihr beginnt unsere Neuzeit im engeren Sinne. Den Sturz aufzuhalten, hat es nicht an Versuchen gefehlt. Der Regent **Fleury** wollte in der Außenpolitik durch eine Annäherung an Österreich dem wachsenden Einfluss Englands begegnen, doch wurde seine Bemühung durch die Kriegspolitik, auf die er keinen Einfluss hatte, zunichte gemacht. So erfolgten die Niederlagen im **Österreichischen Erbfolgekrieg** und im **Siebenjährigen Krieg**, die mit dem Verlust der französischen Kolonien an England endeten.

Auch in der Wirtschaftspolitik hatten **Vauban** und später **Turgot** neue Wege vorgeschlagen. Das merkantilistische System von Colbert hatte alle Bemühung auf den Handel gerichtet und den Vorteil der Staatskasse als ausschließliches Ziel gesehen. Die neue **physiokratische Wirtschaftstheorie** nahm im modernen Sinne eine Abstimmung aller wirtschaftlichen Kräfte und eine Förderung des Ackerbaus in den Blick. Sie konnte sich jedoch gegen das Günstlingssystem bei Hofe und den Widerstand der privilegierten adeligen Gruppen nicht durchsetzen. Beide Neuerer wurden vom Staatsdienst ausgeschlossen; auch zu einer längst fälligen Reform der Besteuerung kam es nicht.

ENCYCLOPÉDIE,
OU
DICTIONNAIRE RAISONNÉ
DES SCIENCES,
DES ARTS ET DES MÉTIERS,
PAR UNE SOCIÉTÉ DE GENS DE LETTRES.
Mis en ordre & publié par M. DIDEROT, de l'Académie Royale des Sciences & des Belles-Lettres de Prusse; & quant à la PARTIE MATHÉMATIQUE, par M. D'ALEMBERT, de l'Académie Royale des Sciences de Paris, de celle de Prusse, & de la Société Royale de Londres.
Tantum series juncturaque pollet,
Tantum de medio sumptis accedit honoris! HORAT.
TROISIÉME ÉDITION ENRICHIE DE PLUSIEURS NOTES
DÉDIÉE
À SON ALTESSE ROYALE
MONSEIGNEUR L'ARCHIDUC
PIERRE LÉOPOLD
PRINCE ROYAL DE HONGRIE ET DE BOHEME, ARCHIDUC D'AUTRICHE,
GRAND-DUC DE TOSCANE &c. &c. &c.
TOME PREMIER.
À LIVOURNE
DANS L'IMPRIMERIE DE LA SOCIÉTÉ
M. DCC. LXX.
AVEC APPROBATION.

Titelseite der 3. Auflage der *Encyclopédie* von Diderot und D'Alembert

Die eigentliche Dynamik dieses Jahrhunderts liegt indessen nicht im Politischen. Sie wird vielmehr durch zwei monumentale Publikationen bezeichnet, die um die Jahrhundertmitte den gesamten Wissensbestand der Zeit revidieren und zusammenfassen wollten – die *Encyclopédie* von **Diderot** und **D'Alembert** und die *Histoire Naturelle* von **Buffon**.

Schon im vorausgegangenen Jahrhundert hatte **René Descartes** die Philosophie auf eine sichere, das heißt, rationale Grundlage stellen wollen. Seine Schrift, der *Discours de la Méthode*, wird aber die Methode der Naturwissenschaften begründen. Auch seine Metaphysik verwandelt sich in diesem Jahrhundert in die Kosmologie, das ist die naturwissenschaftliche Erklärung der Weltentstehung. Die **kartesische**

Methode besteht darin, keine bloß übernommenen Wahrheiten mehr zu dulden. Man soll vielmehr, etwa im zwanzigsten Lebensjahr, alle überkommenen Wahrheiten aus seinem Gehirn ausräumen und sie erst nach Überprüfung durch den methodischen Zweifel darin wieder zulassen.

Durch **Isaak Newton** hat dann die Physik ihren entscheidenden Impuls bekommen; auch die neue Philosophie dieses Jahrhunderts ist die zweier Engländer: **John Locke** und **David Hume**. Sie wird als **Sensualismus** und **Empirismus** bezeichnet, weil sie als Quelle der Erkenntnis allein die Erfahrung durch unsere Sinne und ihre Überprüfung an der Wirklichkeit zulässt.

Eine solche Überprüfung des gesamten Wissensbestandes unternimmt in großem Stil das Team der *Encyclopédie*. Vor allem setzt damit eine historische und rationale Kritik der beiden traditionellen Institutionen Königtum und Kirche ein. Gegen die offizielle Kirche hatte es bis dahin nur den **Libertinismus** als unterschwellige Opposition mit atheistischer Überzeugung gegeben. Mit der Schrift *Le Christianisme dévoilé* von **D'Holbach** beginnt eine Polemik, von der sich die Theologie bis heute nicht erholt hat.

Die Epoche Ludwigs XIV. war moralistisch prüde und religiös intolerant. Das manifestiert sich zumal im Widerruf des Toleranzedikts von Nantes. Dann aber schlägt das Pendel in die entgegengesetzte Richtung. Es entwickelt sich eine Emanzipation der Sexualität, die am Ende des Jahrhunderts die Schriften des **Marquis de Sade** ermöglichen wird. In den Bildern von **Watteau** ist uns ein Eindruck des höfischen Lebensgenusses erhalten, den in der Architektur auch noch die Rokoko-Nachahmung Friedrichs II. in Potsdam widerspiegelt. Als Orte der literarischen Diskussion entwickelt die städtische Kultur dieser Zeit neben den Salons jetzt die Cafés mit dem Modegetränk aus Übersee und die Clubs als weiteren Import aus England.

Literaturgeschichtliche Charakteristik der französischen Aufklärung

Mit dem 18. Jahrhundert tritt die französische Philosophie in Europa an die erste Stelle. Die Kritik, die zur gleichen Zeit in Deutschland **Immanuel Kant** entwickelt, ist in ihrem Kern **Theorie der Erkenntnis**. In Frankreich jedoch entsteht eine praktische Philosophie als **politische Theorie**. **Montesquieu, Rousseau** und **Voltaire** üben mit den Enzyklopädisten Kritik an den bestehenden Institutionen Kirche und Staat. Sie bereiten damit nicht nur die Französische Revolution vor; ihre Theorie ist bis heute Grundlage der Verfassung der westlichen Demokratien.

Alle drei Philosophen wären auch durch ihre literarischen Werke allein in die Geschichte eingegangen. Als Dreißigjähriger entwirft **Montesquieu** in den *Lettres persanes* ein kritisches Zeitpanorama der französischen Zustände. Dreißig Jahre später erscheint sein politisches Lebenswerk *De L'Esprit des Lois.* Mit „Esprit" meint er die Intention des Gesetzgebers bei der Verwirklichung staatlicher Strukturen. Die existierenden politischen Systeme hatte er durch Reisen in Europa studiert: die Demokratie vor allem in England, der Schweiz und den Niederlanden, die aristokratische Republik in Venedig und Genua, die orientalische Despotie in der Türkei und die absolute Monarchie im eigenen Vaterland. Vorausgegangen war ein umfassendes Werk über die republikanische Verfassung des alten Rom. Das zentrale Problem, das ihn bei allen Studien beschäftigt, ist die **Kontrolle der Macht**. Die elementare Funktion des Staates ist die Konzentration der nationalen Kräfte; Macht wäre aber nicht Macht, wenn sie nicht missbraucht werden könnte. Es geht daher alles darum, die Freiheit der Bürger zu schützen. Das Ergebnis dieser Überlegungen ist schließlich der Gedanke einer **Gewaltenteilung** in gesetzgebende, regierende und richterliche Gewalt. Eine erste Vermittlung der absoluten Macht sieht Montesquieu in der Institution des religiösen Gesetzes des Islam. So bemerkt er, dass der Schah von Persien seinem Untertan jederzeit seine Habe, sein Weib, ja sein Leben nehmen kann, weil dies ihm ohnehin gehört. Er kann ihm aber nicht befehlen, Schweinefleisch zu essen oder Wein zu trinken, weil sich dann auch der Geringste auf das Gesetz Allahs zu seinem Schutz berufen darf.

Aus diesem reichen Erfahrungsmaterial hat **Rousseau** in seinem Werk *Du Contrat social* die politische Theorie extrahiert. Mit dem Titel meint er, dass jede legitime Regierung auf einem Vertragsverhältnis zwischen regierenden Bürgern und regierten Bürgern als gleichberechtigten Partnern beruht. Wenn bei Montesquieu das politisch-historische Interesse am stärksten ausgeprägt war, muss man Rousseau als ein Universalgenie bezeichnen. Außer seinen politischen Schriften hat er eine Oper komponiert und eine neue Notenumschrift erfunden. Sein Buch *Emile* ist zur Grundlage der modernen Pädagogik geworden und seinen Liebesroman *La Nouvelle Héloïse* kann man als den Beginn der Romantik in Frankreich bezeichnen. Damit nimmt er eine Tendenz auf, die sich um die Mitte des Jahrhunderts schon wieder als Gegenbewegung gegen den alles beherrschenden **Rationalismus** regt und ihre volle Entfaltung in England und Deutschland nehmen wird. Für die moderne Literatur bis heute sind aber seine nach Augustinus *Confessions* benannten Lebenserinnerungen der größte Wurf. Nach den *Essais* von **Montaigne** ist es der zweite Ansatz einer Autobiografie mit dem Anspruch der unbedingten Wahrhaftigkeit auch in den persönlichsten Dingen.

Voltaire war der erste Schriftsteller, der unabhängig von adligen Mäzenen vom Ertrag seiner Feder leben konnte. Wir verdanken ihm die erste große Kulturgeschichte der Menschheit in seinem *Essai sur les Mœurs*. Geschichtsschreiber war er auch für die Aktualität, das Jahrhundert Ludwigs XIV. und Ludwigs XV. Sein zentrales Anliegen war aber zeitlebens der Kampf für die Vernunft gegen den Machtanspruch von Staat und Kirche. Er hat in mindestens zwei Musterprozessen die Revision von ungerechten Urteilen erzwungen und die **Abschaffung der Folter** war **1780** nicht zuletzt sein Verdienst. Die Offenbarungsreligion widerlegt er, wo er kann, bei aller Achtung vor Christus als vorbildlichem Menschenführer. Die Kirche als Institution will er vernichten. Er bewahrt aber den deistischen Begriff einer Gottheit als Weltenschöpfer und auch die Religion als Grundlage der Moral aus Gründen der politischen Zweckmäßigkeit.

Bei diesem Übergewicht der gesellschaftskritischen Produktion treten die traditionellen literarischen Gattungen notwendig in den Hintergrund. Molière hat in diesem Jahrhundert noch zwei namhafte Nachfolger. Das ist einmal **Marivaux**, mit *Le Jeu de l'Amour et du Hasard*. **Beaumarchais** schließlich stellt zum ersten Mal einen Helden auf die Bühne, der als Diener seinem adeligen Herren überlegen ist. *Le Mariage de Figaro* ist nicht nur durch die Vertonung von **Mozart** berühmt geworden, sondern auch durch den Umstand, dass die französische Aristokratie hier kurz vor ihrem Untergang von den Theaterrängen ihrer eigenen Persiflage applaudierte.

DISCOURS
SUR L'ORIGINE ET LES FONDEMENS
DE L'INEGALITE' PARMI LES HOMMES.
Par JEAN JAQUES ROUSSEAU
CITOYEN DE GENÈVE.
Non in depravatis, ſed in his quæ bene ſecundum naturam ſe habent, conſiderandum eſt quid ſit naturale. ARISTOT. Politic. L. 2.
A AMSTERDAM,
Chez MARC MICHEL REY.
MDCCLV.

Titelseite des *Discours sur l'inégalité* (1755)

Im Roman nimmt der **Abbé Prévost** das Thema der schicksalhaften Leidenschaft wieder auf, inzwischen auf banalem sozialen Niveau. *Manon Lescaut* wird als Typus der Femme fatale noch dem deutschen Professor Unrat in der Gestalt des „Blauen Engels“ bei **Heinrich Mann** erscheinen. Gegen Ende des Jahrhunderts präsentiert sich die zynische Sicht der Liebe in dem Briefroman *Les Liaisons dangereuses* von **Choderlos de Laclos**. Die von Rousseau eingeleitete Verbindung von Natur und Liebe zu einer Empfindungsreligion führt **Bernardin de Saint-Pierre** in dem Roman *Paul et Virginie* weiter.

Das einzige wirkliche lyrische Talent dieser Epoche ist **André Chénier**.

Charles-Louis de Montesquieu (1689–1755)

Montesquieu war Humanist in der weitesten und besten Bedeutung des Wortes. Seine Herkunft ermöglichte ihm eine umfassende Bildung in allen menschlichen Dingen, die er bewusst ergriffen hat, um sie zum Wohle der Menschen zu nutzen. Er glaubte an das Gute im Menschen, weil er selbst ein guter Mensch war. Er fühlte sich als **Weltbürger** im Sinne der alten **Stoiker** und bewies Menschenliebe und Achtung auch im persönlichen Umgang und der praktischen Verwaltung seiner Güter und der ihm anvertrauten Menschen.

Seine Faszination für die rechten Gesetze, die die rechte Verwaltung der menschlichen Dinge garantieren, rührt aus dieser tieferen Wurzel. Nach dieser Berufung war er fast die Hälfte seines Lebens unterwegs und hat dann an seinem Lebenswerk bis zum letzten Atemzug aufopferungsvoll gearbeitet. Am Anfang steht eine gediegene juristische Ausbildung, die ihn noch in jungen Jahren zu den höchsten Stellungen der Karriere führt, doch merkt er bald, dass sein tieferes Interesse der Theorie der Gesetze gilt.

Er beginnt mit dem Studium der Naturgesetze in seiner Heimat Bordeaux. Seine Erfahrung mit der gesellschaftlichen Struktur der Monarchie und der Hauptstadt fasst er 1721 in dem ersten literarischen Werk *Lettres persanes* zusammen. Es folgen historische Studien des antiken Rechts und 1728 seine Aufnahme in die Académie Française. Seine politische Bildung aber entwickelt sich in den nächsten zehn Jahren auf Reisen in ganz Europa durch das Studium der ihm zugänglichen staatlichen Systeme und Begegnungen mit den Großen der Zeit: **Prinz Eugen** in Wien und **Lord Chesterfield** in London.

Diese reiche Ernte kann er in der ihm verbleibenden Lebenszeit in seiner Heimat La Brède einbringen. Das Gelingen des Unternehmens gibt auch seinen letzten Augenblicken die Erfüllung, die er anscheinend zu jedem Zeitpunkt empfunden hat.

Montesquieu: Lettres persanes

Der Titel ist in mehrfacher Hinsicht eine Tarnung. Diese Briefe kommen nicht aus Persien, sondern werden dorthin geschrieben von zwei jungen Persern aus gutem Hause auf Bildungsreise in Europa. Aber auch diese Perser sind fiktiv, denn nach ihrem Unternehmungsgeist und ihrer Wissbegier sind sie eher von westlicher Mentalität. Der Orient wurde ja schon im vorausgegangenen Jahrhundert von Europäern bereist und erforscht, Persien zumal von den Franzosen Tavernier und Chardin. Die Tarnung ermöglicht indessen aus der naiven Perspektive des Touristen Kritik an französischen Verhältnissen und Institutionen mit dem Anschein der Objektivität.

Die Palette der kommentierten Probleme ist allerdings so breit gefächert, dass man den Eindruck hat, der Autor unternehme hier eine erste Materialsammlung für sein Hauptwerk De l'Esprit des Lois. *Die Themen reichen von Metaphysik und Politik bis zur Frage der Ehescheidung und den Finanzpleiten der Zeit, von der Académie Française bis zu den Heimen für Blinde und Kriegsveteranen, den Spielsalons, Clubs und Cafés.*

Auch in der äußeren Form seiner Schrift hat sich der Autor getarnt. Was zunächst so aussieht wie eine zwanglose Reihung von Feuilletons und Reiseimpressionen, zeigt sich dem genaueren Blick als eine strenge, fast mathematische Architektur. Jeweils fünf Briefe aus Europa werden von zwei Briefen aus Persien nach Europa eingerahmt. Diese Struktur ist die „geheime Kette", von der der Verfasser in seinem Vorwort spricht, und sie wird mit Variationen und verschiedenem Rankenwerk bis zum Schluss durchgehalten, auch wenn im letzten Teil der Stoff fast die Form sprengt.

Im allerletzten Brief zeigt sich, dass sogar eine thematische Verbindung zwischen dem zunächst mechanisch erscheinenden Rahmen und dem inhaltlichen Kern besteht. Dieser letzte Brief der Lieblingsfrau Roxane an den jungen Hausherrn Usbek ist ein Protestschrei gegen die Versklavung der Frau im islamischen System des Serails. Roxane kann ihre Selbstbestimmung als Frau nur negativ im Ehebruch und im Selbstmord verwirklichen. Trotzdem erscheint auch diese verzweifelte Manifestation ihrer Freiheit wie eine Erlösung aus jahrelanger Lebenslüge. Usbek werden die Augen auf schreckliche Weise geöffnet, hatte er doch auf seiner Reise die größere Freiheit oder doch Fortschrittlichkeit der westlichen Lebensformen ebenso oft bewundert wie bestaunt. Das Freiheitsproblem ist das inhaltliche Band zwischen den Briefen aus der Weite Europas und denen aus der Enge des Serails.

Lettre 38, Rica à Ibben à Smyrne

C'est une grande question, parmi les hommes, de savoir s'il est plus avantageux d'ôter aux femmes la liberté que de la leur laisser; il me semble qu'il y a bien des raisons pour et contre. Si les Européens disent qu'il n'y a pas de générosité à rendre malheureuses les personnes que l'on aime, nos Asiatiques répondent qu'il y a de la bassesse aux hommes de renoncer à l'empire que la Nature leur a donné sur les femmes. Si on leur dit que le grand nombre de femmes enfermées est embarrassant, ils répondent que dix femmes qui obéissent embarrassent moins qu'une qui n'obéit pas. Que s'ils objectent à leur tour que les Européens ne sauraient être heureux avec des femmes qui ne leur sont pas fidèles, on leur répond que cette fidélité, qu'ils vantent tant, n'empêche point le dégoût qui suit toujours les passions satisfaites; que nos femmes sont trop à nous; qu'une possession si tranquille ne nous laisse rien à désirer ni à craindre; qu'un peu de coquetterie est un sel qui pique et prévient la corruption. Peut-être qu'un homme plus sage que moi serait embarrassé de décider: car, si les Asiatiques font fort bien de chercher des moyens propres à calmer leurs inquiétudes, les Européens font fort bien aussi de n'en point avoir.

«Après tout, disent-ils, quand nous serions malheureux en qualité de maris, nous trouverions toujours moyen de nous dédommager en qualité d'amants. Pour qu'un homme pût se plaindre avec raison de l'infidélité de sa femme, il faudrait qu'il n'y eût que trois personnes dans le monde; ils seront toujours à but quand il y en aura quatre.»

C'est une autre question de savoir si la Loi naturelle soumet les femmes aux hommes. «Non, me disait l'autre jour un philosophe très galant: la Nature n'a jamais dicté une telle loi. L'empire que nous avons sur elles est une véritable tyrannie; elles ne nous l'ont laissé prendre que parce qu'elles ont plus de douceur que nous, et par conséquent, plus d'humanité et de raison. Ces avantages qui devaient sans doute leur donner la supériorité, si nous avions été raisonnables, la leur ont fait perdre, parce que nous ne le sommes point. Or, s'il est vrai que nous n'avons sur les femmes qu'un pouvoir tyrannique, il ne l'est pas moins qu'elles ont sur nous un empire naturel: celui de la beauté, à qui rien ne résiste. Le nôtre n'est pas de tous les pays; mais celui de la beauté est universel. Pourquoi aurions-nous donc un privilège? Est-ce parce que nous sommes les plus forts? Mais c'est une véritable injustice. Nous employons toutes sortes de moyens pour leur abattre le courage; les forces seraient égales si l'éducation l'était aussi. Éprouvons-les dans les talents que l'éducation n'a point affaiblis, et nous verrons si nous sommes si forts.»

Il faut l'avouer, quoique cela choque nos mœurs: chez les peuples les plus polis les femmes ont toujours eu de l'autorité sur leurs maris. Elle fut établie par une loi chez les Egyptiens, en l'honneur d'Isis, et chez les Babyloniens, en l'honneur de Sémiramis. On disait des Romains qu'ils commandaient à toutes les nations, mais qu'ils obéissaient à leurs femmes. Je ne parle point des Sauromates, qui étaient véritablement dans la servitude de ce sexe: ils étaient trop barbares pour que leur exemple puisse être cité.

Tu vois, mon cher Ibben, que j'ai pris le goût de ce pays-ci, où l'on aime à soutenir des opinions extraordinaires et à réduire tout en paradoxe. Le Prophète a décidé la question et a réglé des droits de l'un et de l'autre sexe: «Les femmes, dit-il, doivent honorer leurs maris; leurs maris les doivent honorer: mais ils ont l'avantage d'un degré sur elles.»

De Paris, le 26 de la lune de Gemmadi 2, 1713.

Lettre 161, Roxane à Usbek, à Paris

Oui, je t'ai trompé: j'ai séduit tes eunuques, je me suis jouée de ta jalousie, et j'ai su, de ton affreux sérail, faire un lieu de délices et de plaisirs.

Je vais mourir: le poison va couler dans mes veines. Car que ferais-je ici, puisque le seul homme qui me retenait à la vie n'est plus? Je meurs; mais mon ombre s'envole bien accompagnée; je viens d'envoyer devant moi ces gardiens sacrilèges qui ont répandu le plus beau sang du Monde.

Comment as-tu pensé que je fusse assez crédule pour m'imaginer que je ne fusse dans le Monde que pour adorer tes caprices? que, pendant que tu te permets tout, tu eusses le droit d'affliger tous mes désirs? non! J'ai pu vivre dans la servitude, mais j'ai toujours été libre: j'ai réformé tes lois sur celles de la Nature, et mon esprit s'est toujours tenu dans l'indépendance.

Tu devrais me rendre grâces encore du sacrifice que je t'ai fait: de ce que je me suis abaissée jusqu'à te paraître fidèle; de ce que j'ai l'ai lâchement gardé dans mon cœur ce que j'aurais dû faire paraître à toute la Terre; enfin, de ce que j'ai profané la vertu, en souffrant qu'on appelât de ce nom ma soumission à tes fantaisies.

Tu étais étonné de ne point trouver en moi les transports de l'amour. Si tu m'avais bien connue, tu y aurais trouvé toute la violence de la haine.

Mais tu as eu longtemps l'avantage de croire qu'un cœur comme le mien t'était soumis. Nous étions tous deux heureux: tu me croyais trompée, et je te trompais.

Ce langage, sans doute, te paraît nouveau. Serait-il possible qu'après t'avoir accablé de douleurs, je te forçasse encore d'admirer mon courage? Mais c'en est fait: le poison me consume; ma force m'abandonne; la plume me tombe des mains; je sens affaiblir jusqu'à ma haine; je me meurs.

Du sérail d'Ispahan, le 8
de la lune de Rebiab I, 1720.

Charles-Louis de Montesquieu: *Lettres persanes*, Paris 1960, Classiques Garnier, S. 81 ff; S. 333 f.

Jean-Jacques Rousseau (1712–1778)

Im Vergleich mit der gebildeten Noblesse von Montesquieu ist Rousseau von kleinbürgerlicher Abkunft, Autodidakt und charakterlich eine Verbindung von Genie und hochgespannter Emotionalität. Seine Schriften haben das Pathos der kreativen Begeisterung, die den Leser mitreißt. Sein Lebenslauf ist von rastloser Ortsveränderung gekennzeichnet. Was Montesquieu auf europäischem Niveau zurücklegt, erwandert Rousseau zu Fuß in der Schweiz, in Frankreich und Norditalien. In seinen letzten Jahren verbindet sich diese Rastlosigkeit mit einer Art Verfolgungswahn. Im sicheren Gefühl des eigenen Wertes fühlt er sich nicht gebührend respektiert und stößt auch Freunde vor den Kopf. Andere enttäuschen ihn, weil sie seine Überempfindlichkeit missverstehen. So ist sein Zerwürfnis mit **Hume** und **Diderot** vielleicht nicht zwingend, das mit **Voltaire** hatte dagegen prinzipielle weltanschauliche Gründe. Am Ende ist nur noch **Bernardin de Saint-Pierre** um ihn.

Als Waise und Pensionär in kirchlichen Jugendheimen schlägt er sich schon früh allein durchs Leben, verdient überhaupt bis zu seinem vierzigsten Lebensjahr den Unterhalt mit einem Nebentalent: Musikstunden, Notenkopieren und musikalische Gelegenheitsarbeiten. Als aber seine erste Oper aufgeführt wird, ist sein literarischer Ruf schon manifest. Die Akademie von Dijon verleiht ihm für seine Schrift über die **Künste und Wissenschaften** 1750 den ersten Preis. Der *Discours sur l'Inégalité* folgt 1755. Er findet von da an immer wieder adelige Gönnerinnen und Gönner. So können in einer Periode der äußeren Ruhe seine Hauptwerke entstehen. Zwischen 1756 und 1762 schreibt er *La Nouvelle Héloïse, Emile ou de l'Education* und *Du Contrat social*. Seine *Confessions*, in denen er sein Leben darstellen wollte, um sich gegen die Angriffe Voltaires zu verteidigen, erscheinen erst nach seinem Tode. Die Revolution wird zwischen den beiden keinen Unterschied mehr machen und das tragische Zerwürfnis beilegen, indem sie beiden einen Platz im Pantheon zur letzten Ruhe gibt.

Rousseau: Discours sur l'Inégalité

Rousseau ist in der europäischen Philosophie der erste Ideologe großen Stils. Er entwickelt eine Entstehungstheorie der menschlichen Gesellschaft, ohne sich schon auf die Ergebnisse der heutigen Soziologie, Ethnologie, Archäologie und Paläontologie stützen zu können. Diesen hypothetischen Charakter betont er selbst in seinem Vorwort. Er entwirft dann das Idealbild einer paradiesischen Gesellschaft vor dem Sündenfall der Arbeitsteilung und projiziert es auf die gegenwärtige Gesellschaft seiner Zeit. Die Absicht ist offensichtlich, mit der Fiktion die Wirklichkeit des Ancien Régime zu attackieren. Darin liegt die revolutionäre Virulenz seiner Schrift. Erstaunlich daran ist allerdings, dass durch das Abstraktionsverfahren von der wirklich vorhandenen Gesellschaft auf die ursprüngliche Rousseaus Blick Strukturen erfassen konnte, die bis heute in der Theorie von Karl Marx gültig geblieben sind.

In seiner Hypothese unterscheidet er drei Entwicklungsstadien: den „homme naturel", den „homme moral" und den „homme social". Er geht davon aus, dass der Mensch ursprünglich ein Einzelwesen ist und, um die Überlegenheit des Naturzustands über den gesellschaftlichen Stand darzutun, versucht er, schon im vormenschlichen Stadium die physische Überlegenheit des Menschen, gewissermaßen als Tier unter Tieren, zu beweisen. Diese Überlegenheit potenziert sich dann im zweiten, eigentlich menschlichen Stadium durch die geistigen Vorzüge des Menschen. Im dritten Stadium hält Rousseau die Stammesgemeinschaft für die glücklichste Form des Zusammenlebens; er ist wie viele seiner Zeitgenossen durch die Reiseberichte vom Bild des guten Wilden fasziniert.

Diese Gemeinschaft kommt noch ohne jedes geschriebene Gesetz aus. Gegen den Selbsterhaltungstrieb hält Rousseau das natürliche Mitleid als moralische Kraft für ausreichend. In extremen Konfliktfällen ist für ihn das ungeschriebene Gesetz der Blutrache immer noch eine negative Form der Moralität, wenn auch nur durch Abschreckung.

Den Beginn der Korruption des ursprünglichen Menschen durch die Gesellschaft sieht Rousseau in der Arbeitsteilung, weil durch sie Vorratswirtschaft nötig und Tauschhandel möglich wird. Die natürliche Ungleichheit an Kraft, Intelligenz, Geschicklichkeit kann sich jetzt in Ware materiell objektivieren. Durch solche Verdinglichung der Arbeit entsteht der Begriff des Privateigentums und damit die ökonomische Ungleichheit.

Es wird dadurch ein neuer Naturzustand herbeigeführt, in dem das Recht des Stärkeren durch das Recht des Zuerstbesitzenden gegenüber den Zukurzgekommenen ersetzt ist. Aus diesem zweiten Naturzustand erklärt Rousseau das Entstehen der Regierungsgewalt und der Gesetze. Das Recht des Stärkeren wird außenpolitisch unter den verschiedenen Staatsgebilden weiterexistieren. In seiner fürchterlichsten Form sieht es Rousseau in der Despotie am Ende aller gesellschaftlichen Entwicklung.

... L'invention des autres arts fut donc nécessaire pour forcer le genre humain de s'appliquer à celui de l'agriculture. Dès qu'il fallut des hommes pour fondre et forger le fer, il fallut d'autres hommes pour nourrir ceux-là. Plus le nombre des ouvriers vint à se multiplier, moins il y eut de mains employées à fournir à la subsistance commune, sans qu'il y eût moins de bouches pour la consommer; et, comme il fallut aux uns des denrées en échange de leur fer, les autres trouvèrent enfin le secret d'employer le fer à la multiplication des denrées. De là naquirent d'un côté le labourage et l'agriculture, et de l'autre l'art de travailler les métaux et d'en multiplier les usages.

De la culture des terres s'ensuivit nécessairement leur partage, et de la propriété une fois reconnue les premières règles de justice: car, pour rendre à chacun le sien, il faut que chacun puisse avoir quelque chose; de plus, les hommes commençant à porter leurs vues dans l'avenir, et se voyant tous quelques biens à perdre, il n'y en avoit aucun qui n'eût à craindre pour soi la représaille des torts qu'il pouvoit faire à autrui. Cette origine est d'autant plus naturelle, qu'il est impossible de concevoir l'idée de la propriété naissante d'ailleurs que de la main-d'œuvre; car on ne voit pas ce que, pour s'approprier les choses qu'il n'a point faites, l'homme y peut mettre de plus que son travail. C'est le seul travail qui, donnant droit au cultivateur sur le produit de la terre qu'il a labourée, lui en donne par conséquent sur le fonds, au moins jusqu'à la récolte, et ainsi d'année en année; ce qui, faisant une possession continue, se transforme aisément en propriété. [...]

Les choses en cet état eussent pu demeurer égales si les talents eussent été égaux, et que, par exemple, l'emploi du fer et la consommation des denrées eussent toujours fait une balance exacte: mais la proportion que rien ne maintenoit fut bientôt rompue; le plus fort faisoit plus d'ouvrage; le plus adroit tiroit meilleur parti du sien; le plus ingénieux trouvoit des moyens d'abréger le travail; le laboureur avoit plus besoin de fer, ou le forgeron plus besoin de blé; et en travaillant également, l'un gagnoit beaucoup, tandis que l'autre avoit peine à vivre. C'est ainsi que l'inégalité naturelle se déploie insensiblement avec celle de combinaison, et que les différences des hommes, développées par celles des circonstances, se rendent plus sensibles, plus permanentes dans leurs effets, et commencent à influer dans la même proportion sur le sort des particuliers. [...]

Avant qu'on eût inventé les signes représentatifs des richesses, elles ne pouvoient guère consister qu'en terres et en bestiaux, les seuls biens réels que les hommes puissent posséder. Or, quand les héritages se furent accrus en nombre et en étendue au point de couvrir le sol entier et de se toucher tous, les uns ne purent plus s'agrandir qu'aux dépens des autres, et les surnuméraires que la foiblesse ou l'indolence avoient empêchés d'en acquérir à leur tour, devenus pauvres sans avoir rien perdu, parce que, tout changeant autour d'eux, eux seuls n'avoient point changé, furent obligés de recevoir ou de ravir leur subsistance de la main des riches; et de là commencèrent à naître, selon les divers caractères des uns et des autres, la domination et la servitude, ou la violence et les rapines. [...]

C'est ainsi que, les plus puissants ou les plus misérables se faisant de leurs forces ou de leurs besoins une sorte de droit au bien d'autrui, équivalent, selon eux, à celui de propriété, l'égalité rompue fut suivie du plus affreux désordre; c'est ainsi que les usurpations des riches, les brigandages des pauvres, les passions effrénées de tous, étouffant la pitié naturelle et la voix encore foible de la justice, rendirent les hommes avares, ambitieux et méchants. Il s'élevoit entre le droit du plus fort et le droit du premier occupant un conflit perpétuel qui ne se terminoit que par des combats et des meurtres. [...]
Il n'est pas possible que les hommes n'aient fait enfin des réflexions sur une situation aussi misérable et sur les calamités dont ils étoient accablés. Les riches surtout durent bientôt sentir combien leur étoit désavantageuse une guerre perpétuelle dont ils faisoient seuls tous les frais, et dans laquelle le risque de la vie étoit commun, et celui des biens particuliers. D'ailleurs, quelque couleur qu'ils pussent donner à leurs usurpations, ils sentoient assez qu'elles n'étoient établies que sur un droit précaire et abusif, et que, n'ayant été acquises que par la force, la force pouvoit les leur ôter sans qu'ils eussent raison de s'en plaindre. [...]
Le riche, pressé par la nécessité, conçut enfin le projet le plus réfléchi qui soit jamais entré dans l'esprit humain: ce fut d'employer en sa faveur les forces mêmes de ceux qui l'attaquoient, de faire ses défenseurs de ses adversaires, de leur inspirer d'autres maximes, et de leur donner d'autres instituons qui lui fussent aussi favorables que le droit naturel lui étoit contraire.
Dans cette vue, après avoir exposé à ses voisins l'horreur d'une situation qui les armoit tous les uns contre les autres, qui leur rendoit leurs possessions aussi onéreuses que leurs besoins, et où nul ne trouvoit sa sûreté ni dans la pauvreté ni dans la richesse, il inventa aisément des raisons spécieuses pour les amener à son but. «Unissons-nous, leur dit-il, pour garantir de l'oppression les foibles, contenir les ambitieux, et assurer à chacun la possession de ce qui lui appartient: instituons des règlements de justice et de paix auxquels tous soient obligés de se conformer, qui ne fassent acception de personne, et qui réparent en quelque sorte les caprices de la fortune, en soumettant également le puissant et le foible à des devoirs mutuels. En un mot, au lieu de tourner nos forces contre nous-mêmes, rassemblons-les en un pouvoir suprême qui nous gouverne selon de sages lois, qui protège et défende tous les membres de l'association, repousse les ennemis communs, et nous maintienne dans une concorde éternelle.»
Telle fut ou dut être l'origine de la société et des lois, qui donnèrent de nouvelles entraves au foible et de nouvelles forces au riche, détruisirent sans retour la liberté naturelle, fixèrent pour jamais la loi de la propriété et de l'inégalité, d'une adroite usurpation firent un droit irrévocable, et, pour le profit de quelques ambitieux, assujettirent désormais tout le genre humain au travail, à la servitude et à la misère. [...]

Jean-Jacques Rousseau: *Discours sur l'origine de l'inégalité parmi les hommes.* In: Rousseau, *Du Contrat social et autres œuvres politiques*, Paris 1975, Classiques Garnier, S. 74–79

Voltaire (François Marie Arouet 1694–1778)

Voltaire ist in der europäischen Literatur der erste Schriftsteller im modernen Sinn. Sein Denken lebt vom Streitgespräch und der Streitschrift. Er ist unabhängig, auch finanziell, weil ihn seine Arbeit ernährt und auch seine ausgeprägte ökonomische Begabung. Diese Unabhängigkeit muss er ständig gegen die Regierungsgewalt verteidigen. Seine Bildung ist so umfassend, dass man in seiner Person wie in der Enzyklopädie die Zusammenfassung des ganzen Wissensbestandes seiner Zeit sehen kann.

Schon in der Schule der Jesuiten ist er ein subversiver Geist; danach durchläuft er die für Söhne des Pariser Bürgertums übliche juristische Ausbildung. Die Regierung **Fleury** verweist den Zwanzigjährigen zweimal der Stadt und steckt ihn schließlich für ein Jahr in die Bastille. Er nutzt die Zeit, um seine klassische Bildung zu komplettieren, und schreibt sein erstes Erfolgsstück *Œdipe* 1718. Seitdem ist er ein berühmter und auch ein gemachter Mann, bis ihn das Willkürsystem wieder gefangensetzt und er schließlich nach England ins Exil geht.

Dort formuliert er in den *Lettres philosophiques* von 1734 eine erste große Kritik des Feudalsystems und muss nach seiner Rückkehr wieder nach Lothringen flüchten. Es folgen zehn Jahre naturwissenschaftlicher und historischer Studien und seine Rückkehr nach Paris unter freundlicheren politischen Bedingungen. Zwischen seinem fünfzigsten und seinem sechzigsten Jahr macht Voltaire vor allem die Erfahrung der Abhängigkeit bei Hofe in Versailles und Potsdam. Dieser Lebensabschnitt spiegelt sich in den **philosophischen Erzählungen** *Zadig* und *Micromégas* wider. Daneben publiziert er aber auch seinen ersten großen historischen Wurf: *Le Siècle de Louis XIV.*

Mit sechzig Jahren zieht er sich endgültig ins Landleben zurück und veröffentlicht 1756 die erste Kulturgeschichte der Menschheit *L'Essai sur les Mœurs.* 1759 erscheint seine berühmte Schrift gegen den Optimismus von Leibniz und Rousseau, *Candide.* Die Fehde gegen den naiven Vorsehungsglauben nimmt er hier genauso souverän auf wie er in den „**Englischen Briefen**" den Kulturpessimismus Pascals attackiert hatte. Überhaupt wird er bis an sein Lebensende nicht aufhören, in die Diskussionen der Zeit einzugreifen. Die Zahl seiner Briefe und Pamphlete ist unübersehbar. Eine letzte große Zusammenfassung seines Denkens erscheint 1764 mit dem *Dictionnaire philosophique*, das er als tragbare Taschenausgabe der großen Enzyklopädie geplant hat.

Voltaire: Dictionnaire Philosophique, «Liberté»

Voltaire ist von den großen französischen Philosophen der eigentliche Aufklärer. Als Voltairianer bezeichnet man auch heute noch Leute, die diese Welt menschlich einrichten wollen im Vertrauen auf die Vernunft, auch ohne den Glauben an einen helfenden Gott oder gerade deswegen. Voltaire glaubt an den Fortschritt; er wittert in Rousseau den ideologischen Bilderstürmer und verteidigt energisch die Errungenschaften des Zeitalters Ludwigs XIV. Selbst in der Prachtentfaltung des Hofes sieht er weniger den gewissenlosen Luxus als die Arbeitsbeschaffung für die Handwerker der Porzellan- und Seidenmanufakturen sowie aller angewandten Künste. Der Fortschritt muss indessen ständig erkämpft werden, gerade weil der Mensch in einer gottverlassenen Welt auf sich selbst gestellt ist wie sein Candide in der barbarischen Wirklichkeit des Krieges. Voltaire ist mit tausenden von Briefen, Artikeln und Pamphleten der streitbarste aller Aufklärer. Er attackiert die großen Systeme Monarchie und Theologie und ist skeptisch gegenüber dem Systemdenken in der Philosophie überhaupt. Untersuchungen und Stellungnahmen gibt er daher nur zu Detailfragen; der Lexikon-Artikel ist so die ihm gemäße Form des Ausdrucks.

Zum Stichwort: „Egalité" korrigiert er die gesellschaftliche Utopie von Rousseau. Die lockere Form, in der er im Artikel „Liberté" die Platonischen Dialoge imitiert, lässt auf den ersten Blick nicht erkennen, dass er die philosophische Diskussion seiner Vorgänger und Zeitgenossen aufnimmt, Hobbes, Jansenius, Leibniz und Descartes zumal. In der Diskussion der Freiheit ist für sein Denken charakteristisch, dass er den Begriff auf die Handlungsfreiheit in der konkreten Situation einschränkt und eine Determination außerhalb des Menschen gar nicht erst in den Blick nimmt. Freiheit ist für ihn das praktische Vermögen auszuführen, was unser Wille mit absoluter Notwendigkeit fordert, z. B. aus Selbsterhaltungstrieb oder Angst vor Schande (Hobbes).

Das gesunde Tier hat insofern die gleiche Handlungsfreiheit wie der Mensch. Durch den Instinkt ist die Notwendigkeit seines Wollens auf einen einzigen Antrieb festgelegt. Der Mensch dagegen hat eine Vielfalt von Motiven durch seine Vernunft (Descartes). Unter diesen geistigen und sinnlichen Motiven bestimmen die stärksten zwingend unser Wollen.

Der Begriff der Wahlfreiheit ist tautologisch, er setzt einen Willen vor dem Willen voraus, der auch erst wieder begründet werden müsste (Jansenius).

Auch bei der Entscheidung für eine Alternative des Loses ist unsere Wahl unbewusst vorbestimmt. Eine unmotivierte Entscheidung ist so absurd wie eine Wirkung ohne Ursache und widerspräche dem Satz vom zureichenden Grund (Leibniz).

Unser Wille ist also nicht frei; unsere Handlungen sind es, wenn sie nicht auf äußere Hindernisse stoßen.

A. – Voilà une batterie de canons qui tire à nos oreilles; avez-vous la liberté de l'entendre ou de ne l'entendre pas?

B. – Sans doute, je ne peux pas m'empêcher de l'entendre.

A. – Voulez-vous que ce canon emporte votre tête et celles de votre femme et de votre fille, qui se promènent avec vous?

B. – Quelle proposition me faites-vous là? Je ne peux pas, tant que je suis de sens rassis, vouloir chose pareille; cela m'est impossible.

A. – Bon; vous entendez nécessairement ce canon, et vous voulez nécessairement ne pas mourir, vous et votre famille, d'un coup de canon à la promenade; vous n'avez ni le pouvoir de ne pas entendre, ni le pouvoir de vouloir rester ici.

B. – Cela est clair.

A. – Vous avez en conséquence fait une trentaine de pas pour être à l'abri du canon, vous avez eu le pouvoir de marcher avec moi ce peu de pas?

B. – Cela est encore très clair.

A. – Et, si vous aviez été paralytique, vous n'auriez pu éviter d'être exposé à cette batterie; vous n'auriez pas eu le pouvoir d'être où vous êtes: vous auriez nécessairement entendu et reçu un coup de canon, et vous seriez mort nécessairement?

B. – Rien n'est plus véritable.

A. – En quoi consiste donc votre liberté, si ce n'est dans le pouvoir que votre individu a exercé de faire ce que votre volonté exigeait d'une nécessité absolue?

B. – Vous m'embarrassez; la liberté n'est donc autre chose que le pouvoir de fairse ce que je veux?

A. – Réfléchissez-y, et voyez si la liberté peut être entendue autrement.

B. – En ce cas, mon chien de chasse est aussi libre que moi; il a nécessairement la volonté de courir quand il voit un lièvre, et le pouvoir de courir s'il n'a pas mal aux jambes. Je n'ai donc rien au-dessus de mon chien: vous me réduisez à l'état des bêtes.

A. – Voilà les pauvres sophismes des pauvres sophistes qui vous ont instruit. Vous voilà bien malade d'être libre comme votre chien! Eh! ne ressemblez-vous pas à votre chien en mille choses? La faim, la soif, la veille, le dormir, les cinq sens ne vous sont-ils pas communs avec lui? Voudriez-vous avoir l'odorat autrement que par le nez? Pourquoi voulez-vous avoir la liberté autrement que lui?

B. – Mais j'ai une âme qui raisonne beaucoup et mon chien ne raisonne guère. Il n'a presque que des idées simples, et moi j'ai mille idées métaphysiques.

A. – Eh bien! vous êtes mille fois plus libre que lui: c'est-à-dire vous avez mille fois plus de pouvoir de penser que lui; mais vous n'êtes pas libre autrement que lui.

B. – Quoi! je ne suis pas libre de vouloir ce que je veux?

A. – Qu'entendez-vous par là?

B. – J'entends ce que tout le monde entend. Ne dit-on pas tous les jours: «les volontés sont libres»?

A. – Un proverbe n'est pas une raison; expliquez-vous mieux.

B. – J'entends que je suis libre de vouloir comme il me plaira.

A. – Avec votre permission, cela n'a pas de sens; ne voyez-vous pas qu'il est ridicule de dire: «Je veux vouloir?» Vous voulez nécessairement, en conséquence des idées qui se sont présentées à vous. Voulez-vous vous marier, oui ou non?

B. – Mais si je vous disais que je ne veux ni l'un ni l'autre?

A. – Vous répondriez comme celui qui disait: «Les uns croient le cardinal Mazarin mort, les autres le croient vivant, et moi je ne crois ni l'un ni l'autre.»

B. – Eh bien! je veux me marier.

A. – Ah! c'est répondre, cela. Pourquoi voulez-vous vous marier?

B. – Parce que je suis amoureux d'une jeune fille, belle, douce, bien élevée, assez riche, qui chante très bien, dont les parents sont de très honnêtes gens, et que je me flatte d'être aimé d'elle et fort bien vu de sa famille.

A. – Voilà une raison. Vous voyez que vous ne pouvez vouloir sans raison. Je vous déclare que vous êtes libre de vous marier; c'est-à-dire que vous avez le pouvoir de signer le contrat.

B. – Comment! Je ne peux vouloir sans raison? Eh! que deviendra cet autre proverbe: Sit pro ratione voluntas: ma volonté est ma raison, je veux parce que je veux?

A. – Cela est absurde, mon cher ami: il y aurait en vous un effet sans cause.

B. – Quoi! lorsque je joue à pair ou non, j'ai une raison de choisir pair plutôt qu'impair?

A. – Oui, sans doute.

B. – Et quelle est cette raison, s'il vous plaît?

A. – C'est que l'idée de pair s'est présentée à votre esprit plutôt que l'idée opposée. Il serait plaisant qu'il y eût des cas où vous voulez parce qu'il a une cause de vouloir, et qu'il y eût quelques cas où vous voulussiez sans cause. Quand vous voulez vous marier, vous en sentez la raison dominante, évidemment; vous ne la sentez pas quand vous jouez à pair ou non, et cependant il faut bien qu'il y en ait une.

B. – Mais, encore une fois, je ne suis donc pas libre?

A. – Votre volonté n'est pas libre, mais vos actions le sont. Vous êtes libre de faire quand vous avez le pouvoir de faire.

B. – Mais tous les livres que j'ai lus sur la liberté d'indifférence ...

A. – Sont des sottises: il n'y a point de liberté d'indifférence; c'est un mot destitué de sens, inventé par des gens qui n'en avaient guère.

Voltaire: *Dictionnaire philosophique*, Paris 1967, Classiques Garnier, S. 274–277

André Chénier (1762–1794)

Für den jungen Chénier war Griechenland die Heimat seiner Mutter und das Land seiner Geburt, das er mit zehn Jahren verlassen musste, ohne es je wiederzusehen, und das wahrscheinlich darum für ihn das Land einer lebenslangen Nostalgie geblieben ist. Seine Gedichte werden erst 1819, fünfundzwanzig Jahre nach seinem Tode publiziert, als die **Griechenlandbegeisterung** durch den **Befreiungskrieg gegen das osmanische Reich** bereits eine **europäische Bewegung** darstellte. Trotz des Abstands von zwei Generationen ist er zum gefeierten Vorbild der **romantischen Dichter** geworden und bezeichnenderweise auch für die **Parnassiens**.

In Frankreich gibt es seit der **Entdeckung von Pompeji, 1748**, einen **Neoklassizismus**, der sich jetzt in einer neuen Renaissance der griechischen Antike zuwendet, wie sie **für die deutsche Klassik so bedeutend** geworden ist. Im Pariser Salon seiner Mutter – der Vater war Diplomat – hatte der junge André den Maler **David** kennenlernen können. Es gab zu seiner Zeit auch schon die Editionen griechischer Dichtung von Brunck und eine bekannte Reisedarstellung des Abbé Barthélémy.

Was Chénier jedoch für die jungen Romantiker so faszinierend macht, ist der neue lyrische Ton, der in seinen Versen trotz oder gerade wegen der griechischen Verfremdung aufklingt. Ihm glückte, was die Romantiker **Lamartine, Vigny** und **Hugo** nur nach langer Bemühung erreichten: die Befreiung aus der Zwangsjacke der **Rhetorik**. Die Lyrik seiner Zeit war in der Tat zu bloßer Gelegenheits- und Gebrauchsdichtung verkommen, zu Redeschmuck und formaler Reim-Artistik. Die Aufklärer – außer Voltaire – wollten sie vollends zu Gunsten der Prosa abschaffen. Es bedurfte jedoch nur eines echten Talents, um gegen den auswuchernden **Rationalismus** die kreative Emotionalität zu behaupten. Freilich hatte Chénier auch schon den Enthusiasmus **Rousseaus** und die **neue Sensibilität** von **Bernardin de Saint-Pierre** aufnehmen können. Dass Chénier kein musealer Bildungsdichter war, zeigt sein Versuch, eine epische Dichtung über das Europa des Fortschritts und die neue Welt zu entwerfen. **Gegen den Terror der Jakobiner** hat er schließlich auch in die Zeitgeschichte eingegriffen. Das brachte ihn aber in tödlichen Gegensatz zu **Robespierre**. Für die Dichtungstechnik hat er in „**Iambes**" das Versmaß des griechischen Lyrikers **Archilochos** mit der französischen Sprache harmonisiert.

André Chénier: La Jeune Tarentine

Wie nahe die deutsche Klassik dem französischen Klassizismus gestanden hat, zeigt das Gedicht „Nänie" von Schiller. Der Titel bedeutet Totenklage; beklagt wird aber die Vergänglichkeit überhaupt. Die Liebe (Vers 3) ist hier in der nicht genannten Gestalt des Orpheus gegenwärtig. Die Schönheit verkörpert seit je Adonis, der Geliebte der Aphrodite (V. 5 f.), und die Göttin Thesis beklagt den Tod des Helden, ihres Sohnes Achill (V. 7 f.) Wie bei Chénier steigen auch bei Schiller die Töchter des Nereus aus dem Meer empor, um mit ihr in die Totenklage einzustimmen:

„Auch das Schöne muß sterben! Das Menschen und Götter bezwinget,
Nicht die eherne Brust rührt es des stygischen Zeus.
Einmal nur erweichte die Liebe den Schattenbezwinger,
Und an der Schwelle noch streng, rief er zurück sein Geschenk.
Nicht stillt Aphrodite dem schönen Knaben die Wunde,
Die in den zierlichen Leib grausam der Eber geritzt.
Nicht errettet den göttlichen Held die unsterbliche Mutter,
Wann er, am skäischen Tor fallend, sein Schicksal erfüllt.
Aber sie steigt aus dem Meer mit allen Töchtern des Nereus,
Und die Klage hebt an, um den verherrlichten Sohn.
Siehe, da weinen die Götter, es weinen die Göttinnen alle,
Daß das Schöne vergeht, daß das Vollkommene stirbt.
Auch ein Klaglied zu sein im Mund der Geliebten ist herrlich,
Denn das Gemeine geht klanglos zum Orkus hinab."

Pleurez, doux alcyons! ô vous, oiseaux sacrés,
Oiseaux chers à Téthis, doux alcyons, pleurez!
Elle a vécu, Myrto, la jeune Tarentine!
Un vaisseau la portait aux bords de Camarine:
Là, l'hymen, les chansons, les flûtes, lentement
Devaient la reconduire au seuil de son amant.
Une clef vigilante a, pour cette journée,
Sous le cèdre enfermé sa robe d'hyménée,
Et l'or dont au festin ses bras seraient parés,
Et pour ses blonds cheveux les parfums préparés.
Mais seule sur la proue, invoquant les étoiles,
Le vent impétueux qui soufflait dans les voiles
L'enveloppe: étonnée et loin des matelots,
Elle tombe, elle crie, elle est au sein des flots.
Elle est au sein des flots, la jeune Tarentine!
Son beau corps a roulé sous la vague marine.
Téthis, les yeux en pleurs, dans le creux d'un rocher,
Aux monstres dévorants eut soin de le cacher.
Par ses ordres bientôt les belles Néréides
L'élèvent au-dessus des demeures humides,
Le portent au rivage, et dans ce monument
L'ont au cap du Zéphyr déposé mollement;
Puis de loin, à grands cris appelant leurs compagnes,
Et les nymphes des bois, des sources, des montagnes,
Toutes, frappant leur sein et traînant un long deuil,
Répétèrent: «Hélas!» autour de son cercueil:
«Hélas! chez ton amant tu n'es point ramenée,
Tu n'as point revêtu ta robe d'hyménée,
L'or autour de tes bras n'a point serré de nœuds,
Les doux parfums n'ont point coulé sur tes cheveux».

André Chénier: „La Jeune Tarentine“. In: *Anthologie poétique française, XVIIIe siècle*, Paris 1966, Garnier-Flammarion, S. 470 f.

Zeittafel zur französischen Aufklärung

	Politik, Gesellschaft und Kultur	Literatur
1713	Bulle Unigenitus (Ausschaltung der Jansenisten durch den Papst)	
1715	Machtübernahme durch Kardinal Fleury (Regent während der Minderjährigkeit Ludwigs XV.)	
1721	† Watteau (berühmtester Maler des französischen Rokoko)	Montesquieu: Lettres Persanes (1721)
1723	Machtübernahme durch Ludwig XV.	
		Marivaux: Le Jeu de l'Amour et du Hasard (1730, letzte Komödie des hohen Stils)
		Prévost: Manon Lescaut (1731, Roman, entwickelt den Typ der schicksalhaften Liebe auf trivialem Niveau)
		Voltaire: Lettres Philosophiques (1734)
1741	Spanischer Erbfolgekrieg	Montesquieu: De l'Esprit des Lois (1748)
1749	Buffon: Histoire Naturelle	
1751	Encyclopédie, 1. Band	
1755	Erdbeben von Lissabon (mit mächtiger Rückwirkung auf den Optimismus der Zeit)	Rousseau: Discours sur l'Inégalité (1755)
1756	Siebenjähriger Krieg	Voltaire: Essai sur les Mœurs (1756)
		Voltaire: Candide (1759)
		Rousseau: La Nouvelle Héloïse (1761)
1762	Verbot des Jesuiten-Ordens auf Betreiben der Universität und des Parlaments	Rousseau: Emile; Contrat Social (1762)
1764	† Rameau (berühmtester Musiker und Musiktheoretiker der Epoche)	* Chénier (1762)
1774	Machtübernahme durch Ludwig XVI.	Voltaire: Dictionnaire Philosophique (1764)
1776	Entlassung Turgots	
1776–83	Amerikanischer Unabhängigkeitskrieg	
1780	Abschaffung der Folter (bis dahin normales Rechtsmittel im Verhör)	Beaumarchais: Le Mariage de Figaro (1784)
		Bernardin de Saint-Pierre: Paul et Virginie (1788, neben Rousseau bekanntester Vorläufer der romantischen Sensibilität)
1789	Französische Revolution	
	Erklärung der Menschenrechte	
1799	Staatsstreich Napoleons	

Das 19. Jahrhundert

Der Anfang des Jahrhunderts ist die große heroische Epoche der Franzosen. Die Französische Revolution wird von Napoleon in das übrige Europa getragen. Das Proletariat meldet in weiteren Revolutionen seine Rechte an. Deutsche Literatur und Philosophie tritt in den europäischen Horizont. Um Victor Hugo sammeln sich die romantischen Neuerer, während Auguste Comte in seinem System des Positivismus die Fortschrittstheorie entwickelt. Der französische Roman versucht, die neu entstandene gesellschaftliche Wirklichkeit in der Darstellung zu bewältigen. Mit Baudelaire beginnt auch die moderne Lyrik.

In den Romanen von Zola wird zum Ende des Jahrhunderts die Welt der Arbeit endlich auch literaturfähig. Im Bild der „Ährenleserinnen" von Millet erscheint sie noch romantisch verklärt.

Die historische Situation Frankreichs im 19. Jahrhundert

Nach dem Sturz Napoleons versteht es die Politik **Talleyrands**, Frankreich vor größerem Schaden zu bewahren, so dass dem Land eine Zeit des Friedens gegeben ist, wenn man von den imperialistischen Erfolgen Napoleons III. absieht. Eine unaufhaltsame Entwicklung der **industriellen Revolution** wird möglich, eine glanzvolle Entfaltung der Naturwissenschaften und eine wirtschaftliche Prosperität ohnegleichen. Mit der entwickelten Technik entsteht die **Presse** als neues Medium der Unterrichtung von Massen, der Agitation und der Kontrolle der Regierungsgewalt. Für Schriftsteller hat es die Konsequenz, dass das Schreiben eine einträgliche Sache werden kann. Sie sind in diesem Jahrhundert nicht mehr von Mäzenen abhängig und statt der Salons, Klubs und Cafés haben sie in ihren eigenen Häusern ihre kollegialen Zirkel.

Links: Eisengießerei in Saint-Gervais, Holzstich um 1850. Rechts: Barrikadenkampf in der Rue St. Antoine in Paris, Holzstich einer zeitgenössischen Darstellung, Juli-Revolution 1830.

Die Innenpolitik Frankreichs zeigt indessen, dass die Revolution von 1789 nicht die der Arbeiter und Bauern war; sie sind vielmehr die Zukurzgekommenen gegenüber dem reichen Bürgertum und müssen in einer Reihe von weiteren Revolutionen ihren Anteil am allgemeinen Fortschritt noch erkämpfen. Das ergibt durch das ganze Jahrhundert hindurch eine **Kette von schweren Erschütterungen: 1830, 1848, 1851** und **1871**. Die bürgerliche Gesellschaft geht aus allen diesen Auseinandersetzungen siegreich hervor, sie entwickelt eine defensive Law-and-Order-Mentalität. Nach der Revolution von 1848 hat daher Lamartine als Gegenkandidat von Napoleon III. keine Chance.

Die Schriftsteller dieser Zeit stehen in **linksliberaler Opposition** zur Regierung, die unter allen Gestalten, die sie annimmt, eine Regierung des herrschenden Großbürgertums bleibt. Die Zeit bis 1830 ist notwendig eine Epoche der **aristokratischen Revanche** und der Verteufelung der Revolution. Mit der Kirche hatte schon 1801 Napoleon seinen Frieden geschlossen. In einem vierbändigen Riesenwerk, *Le Génie du Christianisme*, unternimmt jetzt Chateaubriand eine große Apologie der katholischen **Restauration**. Mit **Louis-Philippe** bekommt das Bürgertum **1830** auch noch seine eigene Form der Monarchie.

Die Revolution von 1848 führt nach dem **Staatsstreich von Napoleon III.** nicht mehr zur Zweiten Republik, sondern zu einem Regime mit umso härterer Repression. Auch die Dritte Republik von 1870 schießt 1871 den Aufstand der **Pariser Kommune** kompromisslos zusammen. 1895 zeigt sich in der **Dreyfus-Krise** der tiefe Riss, der durch die französische Gesellschaft geht. Das Land polarisiert sich in staatstreue Chauvinisten auf der einen Seite und oppositionelle Republikaner hinter Emile Zola auf der anderen.

Literaturgeschichtliche Charakteristik der Romantik und des Realismus im 19. Jahrhundert

Durch die Wissenschaften wird die Natur in den Dienst der Bedürfnisbefriedigung des Menschen gestellt. Sie ist in der Perspektive des Rationalismus nur noch ein Objekt der Nutzung, wie die Gesellschaft ein System von Macht- und Produktionsverhältnissen. Schon **Rousseau** und **Bernardin de Saint-Pierre** hatten dagegen den Eigencharakter der Natur retten wollen und ihre emotionalen und ästhetischen Gehalte für die menschliche Lebenswirklichkeit.

Die romantischen Dichter leiden an der fortgeschrittenen Verarmung der Welt. Für sie war das Naturschöne die letzte Spur der Hand ihres Schöpfers. Einige sind auch fasziniert vom Prinzip der Energie, das sie überall in den Naturgewalten wirken sehen. Die **Natur** ist der Bereich, in den man sich aus der öden Wirklichkeit zurückziehen kann. Erst in der zweiten Hälfte des Jahrhunderts wird auch die konkrete Zerstörung der Landschaft durch die industrielle Revolution zum Gegenstand der Literatur. In *Germinal* stellt **Zola** die Lebenswelt des Proletariats dar; die Natur verliert hier auch noch den schönen romantischen Schein und wird zur bloßen Triebnatur.

Dem leidenden Individuum bleibt aber noch ein anderer Bereich der subjektiven Erfüllung: die **Liebe**. Sie wird in der Romantik zu einer Art Ersatzreligion, nur in der Zeit des Minnesangs war sie zu diesem Höchstwert aufgestiegen. Geliebt zu werden, ist jetzt gleichbedeutend mit Leben. Ungeliebt zu sein, ist der Tod. Goethes Werther-Roman findet in Frankreich wie in ganz Europa ungezählte Nachahmer. Eine dritte Form des Rückzugs aus der hässlichen

Gegenwart ist die Zuwendung zur verklärten **Vergangenheit** des Mittelalters oder der idealisierten Antike. Sie wird in der zweiten Hälfte des Jahrhunderts den gewaltigen Aufschwung der historischen Wissenschaften im Gefolge haben, der bis heute in der musealen Kultur unserer Städte fortwirkt.

Die subtilste Form der Ersatzreligion erfanden um die Mitte des Jahrhunderts schließlich die **Parnassiens**, so genannt nach einer Publikation von 1866 *Le Parnasse Contemporain*, in der sie ihre Reaktion auf den auswuchernden Ich-Kult und die Introversion der romantischen Dichter manifestierten. Es ist die Kunst selbst und die neue Religion heißt **„l'art pour l'art"**. Bei **Stéphane Mallarmé** wird der Dichter zu einer Art Tempelwächter und die Dichtung zum sakralen Tun einer kleinen Elite, die sich bewusst vom normalen Publikum in den eigenen hermetischen Umkreis zurückzieht. Damit ist **Nietzsches** Einsicht dokumentiert, der die Kunst als die letzte metaphysische Tätigkeit des Menschen bezeichnet, nachdem er proklamiert hatte, dass „Gott tot ist". Die Parnassiens, und als Erster **Théophile Gautier**, wollten für die Lyrik die Außenwelt mit ihrem Bilderreichtum zurückgewinnen, deren Abwesenheit in Gedichten, die nur von persönlichen Gefühlen sprechen, zum fühlbaren Mangel wurde. In dem programmatischen Gedicht „Art Poétique" macht Gautier 1857die bildende Kunst zum Modell für die Lyrik. Ein Gedicht soll ein kleines Gemälde sein. Auch der Titel seiner Gedichtsammlung enthält dieses Programm: *Emaux et Camées*, Gedichte wie Emailarbeiten und Miniaturreliefs in Halbedelstein.

Eine Dichtung, die sich jeden subjektiven Kommentar verbietet und in der strengen Deskription verbleiben will, steht natürlich in der Gefahr, zur bloßen Fotografie der Wirklichkeit zu werden. In der Tat gibt es bei **Leconte de Lisle** Gedichte, wie etwa „Les Eléphants", die sich anscheinend mit der reinen Wiedergabe begnügen. In dieser Problematik stellt der **Symbolismus** eine Zwischenlösung dar. Schon **Baudelaire** ist nach dem Vorbild seines Meisters Gautier anschaulich und deskriptiv, findet aber durch das Symbol die Möglichkeit, die eigene Stellungnahme in Andeutung aufleuchten zu lassen.

Erst **Verlaine** wird die Modellfunktion der Malerei in der Lyrik durch eine neue Musikalität überwinden, wie er auch endlich die Fesseln der Rhetorik abschüttelt, die nur über Gefühle redet, statt sie in der dichterischen Sprache unmittelbar zu evozieren. Auch sein Programmgedicht hat den Titel „L'Art Poétique", beginnt aber mit dem Vers „**De la musique avant toute chose ...**"; und später heißt es darin „Prends l'éloquence et tord lui son cou." Alle Lyriker dieses Jahrhunderts haben jeweils zu ihrer Zeit in der **romantischen**, der **parnassischen** oder der **symbolistischen Manier** geschrieben.

Zur gleichen Zeit als die Lyrik sich in die extreme Weltabgeschiedenheit begibt, gewinnt der französische Roman die ganze Breite der Wirklichkeit für die Literatur zurück. Wir stehen vor dem Phänomen, dass die französische Gesellschaft des 19. Jahrhunderts eine lückenlose und reich detaillierte Darstellung gefunden hat, allein schon in den Werken der Autoren des ersten Ranges: **Stendhal, Balzac, Hugo, Flaubert** und **Zola**. Sie alle verraten in Titeln und Untertiteln, dass sie Gesamtdarstellungen liefern wollen, von Epochen (Stendhal: *Chronique du XIXe Siècle*), Gesellschaften (Balzac: *La Comédie Humaine*), Ständen (Hugo: *Les Misérables*), Generationen (Zola: *Les Rougon-Macquart*). Diese Tradition setzt sich ununterbrochen bis in unsere Tage fort, wenn man die Romane von **Proust, Aragon, Duhamel** und **Martin du Gard** sieht. Hinzu kommen die ersten Darstellungen der Provinzgesellschaft von **George Sand, Alphonse Daudet** und **Guy de Maupassant**. Alle diese Autoren sind in ihrer Bemühung um **Objektivität** dem Wissenschaftsideal der Aufklärung verpflichtet und stehen so in der Tradition der ersten **Kulturhistoriker Montesquieu** und **Voltaire**. Stendhal und Balzac wollen psychologischen und physiologischen Gesetzmäßigkeiten auf die Spur kommen. Flaubert betreibt die Dokumentation der Fakten bis zur Askese und Zola will soziologische Gesetze und ihre Wirkungen darstellen.

Die Wissenschaftstheorie der Zeit ist die „**Philosophie positive**“ von **Auguste Comte**. **Hippolyte Taine** wendet den Positivismus auf die Literatur an und entwickelt seine Theorie vom Determinismus der Rasse, des Milieus und des historischen Zeitpunkts. Angesichts dieser Fülle der lyrischen und erzählenden Produktion hat das französische Theater des Jahrhunderts nicht das Niveau der Weltliteratur erreichen können. Die Erfolgsstücke der Zeit haben alle den programmatischen Charakter der Auseinandersetzung mit der eigenen klassischen Tradition, gegen die sich die Romantiker unter Berufung auf englische und deutsche Vorbilder energisch absetzen. Die Protagonisten sind durchweg Modellfiguren der ästhetischen Subjektivität, die an der gesellschaftlichen Wirklichkeit scheitern: **Hernani, Rolla, Lorenzaccio, Chatterton**.

Die große Bewegung, die in der Literatur der Zeit von der **Romantik** in den **Realismus** eingeht, spiegelt sich auch in anderen kulturellen Manifestationen. Die heroische Dynamik der Bilder von **Géricault** und **Delacroix** hat noch das Pathos der Napoleon-Ära. Bürgerlichen Realismus zeigen die Bilder von **Courbet** und **Millet**, bevor **Manet** und die Impressionisten neue Wege gehen werden. Die romantische Musik wird von Ausländern, **Liszt** und **Chopin**, beherrscht, weil der große **Berlioz** im eigenen Land noch verkannt ist. Gegen Ende des Jahrhunderts kommt das Musikdrama von **Richard Wagner** in Mode und die **pessimistische Philosophie Arthur Schopenhauers**.

Alfred de Musset (1810–1857)

Musset galt als begabtester Dichter der Romantik, war aber auch schon ihr Kritiker. In der Hochschätzung der Klassik bleibt er unbeirrt und wird fünf Jahre vor seinem Tod in die Académie Française aufgenommen. Die entscheidende Begegnung seines Lebens ist George Sand, eine Liebe in der Zerreißprobe von Leidenschaft und Eifersucht. Ihr verdanken wir die Gedichtsammlung *Poésies Nouvelles* (1833–1852) und die *Confession d'un enfant du siècle*. Von vielen erfolgreichen Theaterstücken sind die bekanntesten *On ne badine pas avec l'amour*, *Lorenzaccio* und *Rolla*, in dem sich eine ganze Generation wiedererkannte.

Alfred de Musset: Tristesse

Das Gedicht „Tristesse" hat den Charakter einer Lebensbilanz. Musset schreibt es mit dreißig Jahren; sein Gegenstand ist eine tiefe Lebensmüdigkeit, die in einem Erkenntnisproblem gründet. Die Wahrheit, die den Dichter enttäuscht, ist die wissenschaftliche oder philosophische Auslegung der Welt. Sie lässt ihn unbefriedigt, weil entweder zu viel von ihr gefordert wurde oder überhaupt die Vernunft als Mittel der Erfahrung dem Sprecher nicht genügt. In der letzten Strophe stellt er sich dem Anruf der geoffenbarten Religion und scheint sich von der Welt abzuwenden. Der einzige Wert, den er in ihr anerkennt, ist die Intensität der Emotion und sei es auch nur in der negativen Form des Leidens oder Mitleidens.

J'ai perdu ma force et ma vie,
Et mes amis et ma gaîté;
J'ai perdu jusqu'à la fierté
Qui faisait croire à mon génie.

Quand j'ai connu la Vérité,
J'ai cru que c'était une amie;
Quand je l'ai comprise et sentie,
J'en étais déjà dégoûté.

Et pourtant elle est éternelle,
Et ceux qui se sont passés d'elle
Ici-bas ont tout ignoré.

Dieu parle, il faut qu'on lui réponde.
Le seul bien qui me reste au monde
Est d'avoir quelquefois pleuré.

Alfred de Musset: „Tristesse". In: Georges Pompidou: *Anthologie de la Poésie française*, Paris 1961, Hachette, S. 341

Théophile Gautier (1811–1872)

Gautier gehörte mit Musset und Nerval zur zweiten Generation der Romantiker. In der legendären Theaterschlacht um Victor Hugos *Hernani* war er noch in vorderster Linie bei den liberalen Revolutionären. Später geht er eigene Wege. In der Lyrik ist er Vorläufer eines neuen Realismus, der sich mit den Parnassiens durchsetzen wird. Er formuliert zum ersten Mal das Prinzip einer zweckfreien reinen Dichtung, die sich nicht moralisch, politisch oder sozial engagiert, sondern autonom um ihrer selbst willen da ist: „l'art pour l'art".

Théophile Gautier: Souvenir et Rêverie

Gegenstand des Gedichts „Souvenir et Rêverie" ist die Abwesenheit Gottes in dieser Welt. Symbol dafür sind die leeren Kathedralen, die als kostbare Reliquien einer Zeit gesehen werden, in der sie noch die Verbindung einer Gemeinde mit Gott lebendig erfüllte. Gemeint ist das christliche Mittelalter, denn der Sprecher sitzt offensichtlich wie die Rückenfiguren in Caspar David Friedrichs Bildern vor der abendlichen Silhouette einer spanischen oder italienischen Stadt. Zur deutschen Romantik gibt es aber noch deutlichere Beziehungen bei Novalis und Eichendorff. Auch dort zeigt sich das aus der Lebenswirklichkeit vertriebene Göttliche nur noch in Randbereichen, nicht im Lärm des Alltags, sondern in der „heiligen" Nacht, nicht in der Stadt, sondern im Wald. In der Ausnahmesituation wird die Kommunion von Himmel und Erde noch möglich, so in Eichendorffs Gedichten „Mondnacht" und „Nachts". Diese Zuversicht teilt Gautier wohl nicht mehr, aber auch bei ihm ist der Dichter der letzte, der in der Stille der Nacht, umgeben von einer mitfühlenden Natur, die schwache Stimme aus der überirdischen Welt noch zu hören vermag. In der „dürren Zeit" (Hölderlin) erinnert er sich allein an die verlorene Fülle und bewahrt die Erinnerung im Traum seiner Dichtung.

Aux vitraux diaprés des sombres basiliques
Les flammes du couchant s'éteignent tour à tour;
D'un âge qui n'est plus précieuses reliques,
Leurs dômes dans l'azur tracent un noir contour.

Et la lune paraît, de ses rayons obliques
Argentant à demi l'aiguille de la tour,
Et les derniers rameaux des pins mélancoliques
Dont l'ombre se balance et s'étend alentour.

Alors les vibrations de la cloche qui tinte
D'un monde aérien semblent la voix éteinte
Qui, par le vent portée, en ce monde parvient;

Et le poète, assis près des fleurs sur la grève,
Ecoute ces accents fugitifs comme un rêve,
Lève les yeux au ciel, et triste se souvient.

Théophile Gautier: „Souvenir et Rêverie". In: Ferdinand Duviard: *Anthologie des Poètes Français*, (XIXe siècle), Paris 1954, Larousse, S. 120

Charles Baudelaire (1821–1867)

Bei Baudelaire bricht zum ersten Mal der Gegensatz des Dichters zur Gesellschaft offen hervor. Gautier konnte seinen Lebensunterhalt als Journalist noch selbst bestreiten. Baudelaire war durch elterlichen Wohlstand zunächst unabhängig und machte seine Anfänge in der literarischen Boheme der Hauptstadt als **Dandy**. Erst später hat er einen Namen als Kunstkritiker und engagierter Verteidiger der Musik Richard Wagners. Die Distanz zu seiner gesellschaftlichen Umgebung ermöglicht einerseits deren Beobachtung aus der Perspektive eines aristokratischen Überlegenheitsgefühls. Dieses von Anfang gebrochene Verhältnis steigert sich gegen Ende seines Lebens zum Gefühl des Ausgestoßenseins und zum Verfolgungswahn. Eine melancholische und gleichzeitig zynische charakterliche Substanz zeigt sich bei Baudelaire schon als Kind. Der Satanismus, durch den er später die Welt nur noch als Widerstreit von Himmel und Hölle sieht, ist auch schon zeitig durch den katholischen Philosophen De Maistre bei ihm entwickelt. In Edgar Allan Poe, dessen Übersetzer er wird, findet er schließlich den wichtigsten geistigen Verwandten. Den Ausbruch aus der erdrückenden Wirklichkeit sucht er in den **„künstlichen Paradiesen“** des **Alkohols** und der **Drogen**. Eine Geschlechtskrankheit wirft seinen Geist schließlich auch physisch aus der Bahn. Trotzdem und zum Teil auch durch diese Erfahrungen ist er der **erste große Lyriker des 19. Jahrhunderts in Frankreich**, und die moderne Dichtung nimmt mit seinen *Fleurs du Mal* ihren Anfang. Viele seiner Gedichte sind noch in rhetorischer Tradition erzählend und belehrend pathetisch, doch an den Höhepunkten klingt bei ihm bereits die neue Melodie auf, die später Verlaine beherrschen wird. Modern ist bei ihm vor allem die kompromisslose Ehrlichkeit in der Darstellung der eigenen Problematik und die Bemühung um das Ideal der reinen Dichtung, das dann Mallarmé wieder aufnimmt.

Charles Baudelaire: La cloche fêlée

Das Gedicht „La cloche fêlée“ ist eine Selbstdarstellung des Dichters, dem das Dichten nicht mehr möglich ist durch das Übermaß des in der Welt herrschenden Leidens. Er vergleicht sich mit einer Glocke, weil seine eigentliche Funktion in einer heilen Welt das Singen wäre, als Preis der Schöpfung, Ruf zur Anbetung oder doch Erinnerung an die über der Stadt waltende göttliche Macht.

Gegenüber diesem Bild der heilen Gesellschaft entwickelt die zweite Hälfte des Gedichts die Schreckensvision eines verwundeten Soldaten, der unter einem Berg von Leichen am Ufer eines Sees von Blut in fürchterlichen Qualen verröchelt. Der Dichter vergleicht sich mit einer geborstenen Glocke, weil ihm das Singen, auch in der Weise des verschreckten Kindes, das sich im Dunkeln Mut macht, nicht mehr gelingt. Der Todwunde kann die Wächterfunktion nicht mehr erfüllen, durch die er in der zweiten Strophe noch mit der heilen Glocke als ausgedienter Soldat in Beziehung stand. Erst recht ist die Quelle des frommen Liedes in ihm für immer versiegt.

Il est amer et doux, pendant les nuits d'hiver,
D'écouter, près du feu qui palpite et qui fume,
Les souvenirs lointains lentement s'élever
Au bruit des carillons qui chantent dans la brume,

Bienheureuse la cloche au gosier vigoureux
Qui, malgré sa vieillesse, alerte et bien portante,
Jette fidèlement son cri religieux,
Ainsi qu'un vieux soldat qui veille sous la tente.

Moi, mon âme est fêlée, et lorsqu'en ses ennuis
Elle veut de ses chants peupler l'air froid des nuits,
Il arrive souvent que sa voix affaiblie.

Semble le râle épais d'un blessé qu'on oublie
Au bord d'un lac de sang, sous un grand tas de morts,
Et qui meurt, sans bouger, dans d'immenses efforts.

Charles Baudelaire: *Les fleurs du mal*, Paris 1959, Classiques Garnier, S. 77 f.

Paul Verlaine (1844–1896)

In der Person und im Leben von Paul Verlaine stellt sich die **Entfremdung des Künstlers von der Gesellschaft** in extremer Zuspitzung dar. Er selbst formuliert auch die für die dichterische Existenz fortan bezeichnende Charakteristik des **poète maudit**. Eine nicht eingestandene homoerotische Veranlagung bringt ihn früh in Außenseiterposition, obwohl er nach dem Abitur zunächst eine unscheinbare bürgerliche Existenz als städtischer Angestellter beginnt. Alkoholische Exzesse und Gewalttätigkeiten deuten aber schon bald unüberwindbare innere Schwierigkeiten an. Als er sich 1866 der Gruppe der **Parnassiens** anschließt, leben die romantischen Dichter bis auf Ausnahmen nicht mehr, aber vor allen anderen hat ihn die Dichtung Baudelaires beeinflusst. 1870 markiert in doppelter Hinsicht einen Umbruch in seinem Leben, denn er verliert seine Stellung, weil er mit der Kommune von Paris sympathisiert, und geht eine verhängnisvolle Beziehung zu dem jungen Arthur Rimbaud ein. Es beginnt ein Wanderleben mit vielen Versuchen zur Umkehr und vielen Rückfällen. Der Tod seiner

Mutter 1886 hätte ihn finanziell hilflos zurückgelassen, wenn sich nicht der literarische Erfolg eingestellt hätte. Beim Tode von Leconte de Lisle erfährt er die Genugtuung, dass er selbst an dessen Stelle **zum ersten Lyriker gekrönt** wird. Verlaine dichtet zunächst in der deskriptiven Manier der Parnassiens, aber schon in der ersten Gedichtsammlung zeigt er seine eigene Meisterschaft.

Paul Verlaine: Le rossignol

Im Gedicht „Le rossignol“ wird die erste Liebe des Sprechers nicht nur erinnert, sondern durch die Magie des Wortes beschworen und evoziert als unmittelbar wiedererlebte Gegenwart. Das gelingt in einem einzigen Satz, der zwanzig Verse umfasst, mit dem Stilmittel der anaphorischen Wiederaufnahme von Satzschlüssen und Satzanfängen und vor allem einer auf großartige Weise einfachen Symbolik.

Die Nachtigall ist hier Metapher für die Erinnerung an die erste Liebe, ihr Gesang jedoch, der sich genau in der Mitte des Gedichts sieghaft erhebt, ist die seelische Befindlichkeit der gegenwärtigen Liebe selbst. Der Sprecher selbst stellt sich dar im Bild des Baumes. Beim wehmütigen Rückblick auf das eigene Leben, das sich im Strom der Zeit spiegelt (Vers 3–6), überfallen ihn die bösen Erinnerungen wie ein lärmender Vogelschwarm (V. 1–2). Dann aber legt sich ein wohltätiger Nebelschleier des Vergessens (V. 8) über die bösen Erinnerungen und der Lärm verstummt. Jetzt kann sich die Stimme des Vogels durchsetzen, der die Erinnerung seiner ersten Liebe darstellt (V. 10–14). Das Violett des Zeitenstroms verwandelt sich durch magische Wirkung in das Blau der frühen Jugendtage und das Herz des Sprechers erbebt im gegenwärtigen Erleben der Liebesnacht.

Comme un vol criard d'oiseaux en émoi,
Tous mes souvenirs s'abattent sur moi,
S'abattent parmi le feuillage jaune
De mon cœur mirant son tronc plié d'aune
Au tain violet de l'eau des Regrets
Qui mélancoliquement coule auprès,
S'abattent et puis la rumeur mauvaise
Qu'une brise moite en montant apaise,
S'éteint par degrés dans l'arbre si bien
Qu'au bout d'un instant on n'entend plus rien,
Plus rien que la voix célébrant l'Absente,
Plus rien que la voix – ô si languissante! –
De l'oiseau que fut mon Premier Amour,
Et qui chante encor comme au premier jour;
Et dans la splendeur triste d'une lune
Se levant blafarde et solennelle une
Nuit mélancolique et lourde d'été,
Pleine de silence et d'obscurité,
Berce sur l'azur qu'un vent doux effleure
L'arbre qui frissonne et l'oiseau qui pleure.

Paul Verlaine: *Œuvres Poétiques*, Paris 1976, Classiques Garnier, S. 40

Arthur Rimbaud (1854–1891)

In der Dichtung von Rimbaud geht der *poète maudit* zum Angriff auf die Gesellschaft über. Bürgerschreck wird zum Prinzip und seine Stilmittel sind die **Verfremdung der Sprache**, die **freie Assoziation der Bilder** und ihre **willkürliche Komposition**, die **gezielte Obszönität** und überhaupt die **gesteuerte Schockwirkung**. Rimbaud ist in allem, was er tut, kompromisslos entschieden. Seine Lehrer entdeckten früh seine außergewöhnliche Begabung, doch der Sechzehnjährige ist schon über den Schulabschluss hinaus und brennend an den politischen Ereignissen von **1870/71** interessiert. Die Revolte gegen die bürgerliche Gesellschaft und die Repression des Kaiserreichs trägt er in seine Dichtung. Auch in der Sexualmoral brüskiert er den Konformismus. Verlaine lädt ihn nach Paris ein, die beiden verlassen 1872 die Stadt und vagabundieren durch Belgien und England, doch schon im nächsten Jahr kommt es zum Bruch.

Mit seinem zwanzigsten Lebensjahr gibt Rimbaud die Literatur überhaupt ganz auf und betreibt in der Folge Waffenhandel in Arabien und Abessinien. Er stirbt bereits mit 37. Bei einer so kurzen Lebens- und Schaffenszeit ist es schwer zu entscheiden, ob das dichterische Programm, das er entworfen hat, wirklich auch von ihm realisiert wurde oder hätte werden können. Von seinen Vorgängern lässt er nur Baudelaire gelten, will aber über ihn hinausgehen und für die Dichtung den Bereich der inneren Bilder der Halluzinationen und halbbewussten Assoziationen gewinnen. Noch konsequenter als Baudelaire sucht er die Bewusstseinserweiterung durch **Drogen** und um jeden nur möglichen Preis. Er wird damit zum **Vorläufer der surrealistischen Dichter**.

Arthur Rimbaud: Voyelles

Das Gedicht „Voyelles" ist ein Hymnus auf die Macht der Sprache. Es ist auch ein Gedicht über die Welt, aber Rimbaud fasziniert die Möglichkeit, durch die Sprache die ganze Welt auszudrücken und zu erfassen. Das System der Vokale steht hier stellvertretend als Teil für das ganze System der Sprache. Mit den Vokalen verbunden ist jeweils die Assoziation von Bildern dieser Welt in chaotischer Häufung oder als Kosmos und bei näherem Hinsehen zeigt sich ein Kosmos nach der Vorstellung Rimbauds.

Die Welt stellt sich dar in den Polaritäten von Tod und Leben (A : E), Leib und Geist (I : U) und schließlich der umfassenden Polarität von Welt und Überwelt [(A : E) + (I : U)] : O. In den beiden Anfangszeilen umreißt Rimbaud das Programm, dem er in seiner Dichtung nur zum Teil nachgekommen ist. Im zweiten Vers sagt er zu den Vokalen: „Ich werde eines Tages Eure verborgenen Quellen aufzeigen." Damit kann er nur die in der Dichtung noch nicht eröffneten Assoziationen der Bilder des Unbewussten und Unterbewussten meinen, denen er ja als Visionär auf die Spur kommen wollte.

A noir, E blanc, I rouge, U vert, O bleu: voyelles,
Je dirai quelque jour vos naissances latentes:
A, noir corset velu des mouches éclatantes.
Qui bombinent autour des puanteurs cruelles,

Golfes d'ombres; E, candeur des vapeurs et des tentes,
Lances des glaciers fiers, rois blancs, frissons d'ombelles;
I, pourpres, sang craché, rire des lèvres belles
Dans la colère ou les ivresses pénitentes;

U, cycles, vibrement divins des mers virides,
Paix des pâtis semés d'animaux, paix des rides
Que l'alchimie imprime aux grands fronts studieux;

O, suprême Clairon plein des strideurs étranges,
Silences traversés des Mondes et des Anges;
– O l'Oméga, rayon violet des Ses yeux!

Arthur Rimbaud: „Voyelles". In: Georges Pompidou: *Anthologie de la Poésie française*, Paris 1961, Hachette, S. 445

Stéphane Mallarmé (1842–1898)

Die Haltung, die Mallarmé dem Dichter im Verhältnis zur Gesellschaft zuweist, ist die der Einkapselung. Er schreibt überhaupt nicht mehr für ein Leserpublikum, sondern nur noch für den kleinen Kreis von Kennern, die er jeden Dienstag in der Rue de Rome um sich versammelt. Entsprechend schwer lesbar sind die meisten seiner Werke, die man auch als **hermetische Dichtung** bezeichnet hat. Dieser Rückzug aus der Wirklichkeit in den Hermetismus ist aber nicht nur räumlich zu verstehen. Der Dichter, der sich wie eine Seidenraupe in den Kokon seiner Dichtung einspinnt, erreicht damit eine Art Erlösungszustand. Das hat eine deutliche Beziehung zur deutschen Romantik und zur **Kunsttheorie** von **Arthur Schopenhauer**. Die Kunst und zumal die Musik, entbindet nach ihm den Menschen für den Augenblick des Kunstgenusses aus der Verflechtung in die Kette der Kausalitäten dieser Welt und setzt ihn frei in ein momentanes Nirwana der psychischen Zeit. Dieses Nirwana nennt Mallarmé **rêve** oder **songe**. André Gide und Marcel Proust nennen das später ihren „monde intérieur" oder „monde intellectuel", den sie in einer immer materialistischer werdenden Gesellschaft mit aller Kraft bewahren wollen.

In Mallarmés Leben ergibt das eine merkwürdige Schizophrenie zwischen seiner sozialen Rolle als Englischlehrer und dem eigentlichen poetischen Zentrum seiner Existenz. In der Lyrik ist seit Baudelaire die Pose des Visionärs charakteristisch. Wie Baudelaire verehrt er Edgar Allan Poe. Mallarmés neuer Wurf ist die **reine oder absolute Dichtung**, deren Theorie später von seinem Schüler Paul Valéry entwickelt wird. Absolut heißt, dass Sprache losgelöst aus den Bedeutungszusammenhängen des Gebrauchs in der Dichtung zu einer autonomen Struktur komponiert wird, die auf keinen Gegenstand der Außenwelt verweist, sondern eine seelische Befindlichkeit des Dichters umsetzt und durch die ästhetische Emotion beim Empfänger evoziert. „Dies ist kein Apfel" – so betitelt Magritte 1940 die realistische Darstellung der Frucht, um auf denselben Sachverhalt in der Malerei hinzuweisen.

Stéphane Mallarmé: Brise Marine

Gegenstand des Gedichts „Brise Marine" ist der Ausbruch aus der Realität. Dieser Ausbruch geschieht aber nicht wirklich, denn der Sprecher befindet sich ja nicht in Hafennähe, sondern an seinem Schreibtisch. Vielmehr überkommt ihn die Sehnsucht nach Evasion, als hauche ihn plötzlich eine Meeresbrise an. Es geht also auch nicht um eine Seereise, sondern um Befreiung aus einer seelischen Befindlichkeit und die Öffnung neuer Räume des Bewusstseins. Die erste Zeile kann daher auch nicht als historische Kulturmüdigkeit verstanden werden, wie sie zu Ende des Jahrhunderts als Fin-de-siècle-*Stimmung geherrscht haben soll. Der Dampfer, den der Dichter in der Mitte seines Gedichts anredet, existiert also nur in seiner Wunschfantasie. Erst recht zeigt die Schreckensvision am Schluss, dass das ganze Unternehmen nur im Traum der Dichtung durchgeführt wird und in diesem endet. Die Dichtung wird also zum Ersatz für das nicht mögliche Erleben.*

La chair est triste hélas! et j'ai lu tous les livres.
Fuir! là-bas fuir! Je sens que des oiseaux sont ivres
D'être parmi l'écume inconnue et les cieux!
Rien, ni les vieux jardins reflétés par les yeux
Ne retiendra ce cœur qui dans la mer se trempe,
O nuits! ni la clarté déserte de ma lampe
Sur le vide papier que la blancheur défend.
Et ni la jeune femme allaitant sont enfant.
Je partirai! Steamer balançant ta mâture,
Lève l'ancre pour une exotique nature!
Un Ennui, désolé par les cruels espoirs,
Croit encore à l'adieu suprême des mouchoirs!
Et, peut-être, les mâts, invitant les orages,
Sont-ils de ceux qu'un vent penche sur les naufrages
Perdus, sans mâts, sans mâts, ni fertiles ilôts.
Mais, ô mon cœur, entends le chant des matelots.

Stéphane Mallarmé: „Brise Marine". In: Georges Pompidou: *Anthologie de la Poésie française*, Paris 1961, Hachette, S. 403

Stendhal (Henry Beyle 1783–1842)

Stendhal gehört mit Chateaubriand und Lamartine zur **ersten Generation der Romantiker**, ironisiert aber schon früh hohles Pathos und Klerikalismus. Überhaupt ist er in seiner Geistesart eher Voltairianer. Er studiert Mathematik, um in die Ecole Polytechnique einzutreten, und vor allem interessieren ihn die Forschungen der so genannten Ideologen Cabanis und Destutt de Tracy zur Psychologie und Physiologie. Ihre wissenschaftliche Haltung und kompromisslose Objektivität bringt er in seine Werke ein. Romantik definiert er 1821 in der Programmschrift *Racine et Shakespeare* als die Dichtung der Gegenwart und der jeweils lebenden Generation in Opposition zur Klassik. Er bewundert die starken Individuen der italienischen Renaissance und der Carbonari-Patrioten und vor allem Napoleon. Mit siebzehn geht er zur Armee und folgt dem Kaiser später bis nach Russland. Er hasst die Restauration, und wenn er dem Regime des Bürgerkönigs auch dient, so verachtet er es doch von Herzen. Als Konsul in Triest macht er sich der Regierungsgewalt durch seine liberalen Ansichten verdächtig. **Romantisch** ist er vor allem in seiner **Auffassung der Liebe**. Für ihn zählt nur die Intensität der Gefühle und der erfüllte Augenblick. Zu Lebzeiten haben seine Werke keinen Erfolg, erst Hippolyte Taine entdeckt ihn und Realisten wie Naturalisten erklären ihn dann zu ihrem großen Vorläufer. Die Vorliebe der Kritiker ist geteilt zwischen *La Chartreuse de Parme* (1839) und *Le rouge et le noir* (1830) mit dem Untertitel „Chronique du XIXe siècle".

Stendhal: Le rouge et le noir

Der Titel des Romans bezeichnet die Berufsstände des Soldaten und des Klerikers. Der Held, Julien Sorel, stammt aus einfachen Verhältnissen, wird aber wegen seiner deutlichen Begabung schon früh gefördert. Auch ist er sich seines Wertes bewusst und will Karriere machen, um unabhängig zu sein. Er erhält eine Stelle als Hauslehrer in der adeligen Familie De Rênal und wird der Geliebte der Hausherrin. Durch die Umstände genötigt, geht er auf ein Priesterseminar und dann nach Paris. Dort eröffnet sich ihm eine Karriere durch die Ehe mit Mathilde de La Mole, die ein Kind von ihm erwartet. Seine Heiratspläne werden jedoch durchkreuzt, weil ein Brief seiner ersten Geliebten ihn bei seinem künftigen Schwiegervater kompromittiert. Daraufhin schießt Julien während einer Messe zweimal auf Madame de Rênal, ohne sie jedoch ernsthaft zu verletzen. Er wird trotzdem zum Tode verurteilt. In der Todeszelle erkennt er, dass nicht die Karriere das eigentliche Zentrum seines Lebens war, sondern die Liebe. Als Madame de Rênal ihm vergibt und die Erlaubnis erhält, ihn täglich zu besuchen, versinkt um die beiden Liebenden herum die übrige Welt.

Das ist der romantische Teil der Geschichte. Julien Sorel ist aber nur der erste in einer ganzen Reihe von jungen Intellektuellen, die nach Paris gehen, um Karriere zu machen; bei Balzac ist es Lucien de Rubempré und bei Flaubert Frédéric Moreau. Alle scheitern an der gesellschaftlichen Wirklichkeit, Julien jedoch nicht aus Schwäche, sondern aus Stolz. Er reicht kein Gnadengesuch ein, um die Klassenjustiz nicht anzuerkennen, die ihn verurteilt hat. Er entspricht insofern noch dem heroischen Persönlichkeitsideal der Napoleon-Ära. Lucien de Rubempré aus den Illusions perdues *ist dagegen den kriminellen oder auch nur cleveren Geldmachern der Hauptstadt unterlegen und endet im Selbstmord. Bei Flaubert schließlich hat sich die ästhetische Subjektivität und die Gesellschaft in völliger Indifferenz auseinander entwickelt. Die Revolution von 1848 scheint heillos, weil das politische Desinteresse Frédéric Moreaus einer ganzen Generation von Söhnen des gebildeten Bürgertums anhaftet. Erst bei Zola schafft die Arbeiterklasse den Durchbruch in die Romanliteratur.*

Il entendit un soupir singulier; il ouvrit les yeux, c'était madame de Rênal.

– Ah! je te revois avant que de mourir, est-ce une illusion? s'écria-t-il en se jetant à ses pieds.

Mais pardon, madame, je ne suis qu'un assassin à vos yeux, dit-il à l'instant, en revenant à lui.

– Monsieur ... je viens vous conjurer d'appeler, je sais que vous ne le voulez pas ... Ses sanglots l'étouffaient; elle ne pouvait parler.

– Daignez me pardonner.

– Si tu veux que je te pardonne, lui dit-elle en se levant et se jetant dans ses bras, appelle tout de suite de ta sentence de mort.

Julien la couvrait de baisers.

– Viendras-tu me voir tous les jours pendant ces deux mois?

– Je te le jure. Tous les jours, à moins que mon mari ne me le défende.

– Je signe! s'écria Julien. Quoi! tu me pardonnes! est-il possible!

Il la serrait dans ses bras; il était fou. Elle jeta un petit cri.

– Ce n'est rien, lui dit-elle, tu m'as fait mal.

– A ton épaule, s'écria Julien fondant en larmes. Il s'éloigna un peu, et couvrit sa main de baisers de flamme. Qui me l'eût dit, la dernière fois que je te vis, dans ta chambre, à Verrières? ...

– Qui m'eût dit alors que j'écrirais à M. de La Mole cette lettre infâme? ...

– Sache que je t'ai toujours aimée, que je n'ai aimé que toi.

– Est-il bien possible! s'écria madame de Rênal, ravie à son tour. Elle s'appuya sur Julien, qui était à ses genoux, et longtemps ils pleurèrent en silence.

A aucune époque de sa vie, Julien n'avait trouvé un moment pareil.

Bien longtemps après, quand on put parler:

– Et cette jeune madame Michelet, dit madame de Rênal, ou plutôt cette mademoiselle de La Mole; car je commence en vérité à croire cet étrange roman!

– Il n'est vrai qu'en apparence, répondit Julien. C'est ma femme, mais ce n'est pas ma maîtresse ...

En s'interrompant cent fois l'un l'autre, ils parvinrent à grand'peine à se raconter ce qu'ils ignoraient. La lettre écrite à M. de La Mole avait été faite par le jeune prêtre qui dirigeait la conscience de madame de Rênal, et ensuite copiée par elle.

– Quelle horreur m'a fait commettre la religion! lui disait-elle; et encore j'ai adouci les passages les plus affreux de cette lettre ...

Les transports et le bonheur de Julien lui prouvaient combien il lui pardonnait. Jamais il n'avait été aussi fou d'amour.

– Je me crois pourtant pieuse, lui disait madame de Rênal dans la suite de la conversation. Je crois sincèrement en Dieu; je crois également, et même cela m'est prouvé, que le crime que je commets est affreux, et dès que je te vois, même après que tu m'as tiré deux coups de pistolet … Et ici, malgré elle, Julien la couvrit de baisers.

– Laisse-moi, continua-t-elle, je veux raisonner avec toi, de peur de l'oublier …

Dès que je te vois, tous les devoirs disparaissent, je ne suis plus qu'amour pour toi, ou plutôt, le mot amour est trop faible. Je sens pour toi ce que je devrais sentir uniquement pour Dieu: un mélange de respect, d'amour, d'obéissance … En vérité, je ne sais pas ce que tu m'inspires. Tu me dirais de donner un coup de couteau au geôlier, que le crime serait commis avant que j'y eusse songé. Explique-moi cela bien nettement avant que je te quitte, je veux voir clair dans mon cœur; car dans deux mois nous nous quittons … A propos, nous quitterons-nous? lui dit-elle en souriant.

– Je retire ma parole, s'écria Julien en se levant; je n'appelle pas de la sentence de mort, si par poison, couteau, pistolet, charbon ou de toute autre manière quelconque, tu cherches à mettre fin ou obstacle à ta vie.

La physionomie de madame de Rênal changea tout à coup; la plus vive tendresse fit place à une rêverie profonde.

– Si nous mourions tout de suite? lui dit-elle enfin.

– Qui sait ce que l'on trouve dans l'autre vie? répondit Julien; peut-être des tourments, peut-être rien du tout. Ne pouvons-nous pas passer deux mois ensemble d'une manière délicieuse? Deux mois, c'est bien des jours. Jamais je n'aurai été aussi heureux.

– Jamais tu n'auras été aussi heureux!

– Jamais, répéta Julien ravi, et je te parle comme je me parle à moi-même. Dieu me préserve d'exagérer.

– C'est me commander que de parler ainsi, dit-elle avec un sourire timide et mélancolique.

– Eh bien! tu jures, sur l'amour que tu as pour moi, de n'attenter à ta vie par aucun moyen direct, ni indirect … songe, ajouta-t-il, qu'il faut que tu vives pour mon fils, que Mathilde abandonnera à des laquais, dès qu'elle sera marquise de Croisenois.

– Je jure, reprit-elle froidement, mais je veux emporter ton appel écrit et signé de ta main. J'irai moi-même chez M. le procureur-général.

– Prends garde, tu te compromets.

– Après la démarche d'être venue te voir dans ta prison, je suis à jamais, pour Besançon et toute la Franche-Comté, une héroïne d'anecdotes, dit-elle d'un air profondément affligé. Les bornes de l'austère pudeur sont franchies … Je suis une femme perdue d'honneur; il est vrai que c'est pour toi …

Son accent était si triste que Julien l'embrassa avec un bonheur tout nouveau pour lui. Ce n'était plus l'ivresse de l'amour, c'était reconnaissance extrême. Il venait d'apercevoir, pour la première fois, toute l'étendue du sacrifice qu'elle lui avait fait.

Stendhal: Le rouge et le noir, Paris 1972, Livre de Poche, S. 543–545, Chapitre XLII

Honoré de Balzac (1799–1850)

Schaut man auf die Titel der Werke Balzacs, so scheinen sie im großen Stil die Charakterstudien der Moralisten des 17. Jahrhunderts wieder aufzunehmen. Man hat zwischen zwei- und dreitausend verschiedene Menschentypen in seinen Romanen gezählt. Die **Monumentalität** bekommt das Gesamtwerk aber dadurch, dass er menschliche Individuen mit ihrem sozialen Umfeld zu verbinden sucht. Seine frühen Philosophiestudien setzten ihn für immer auf die Spur der Gesetzmäßigkeiten, die Menschen und Gesellschaft bewegen. Auch hier berührt er sich mit den Moralisten, denn die **Triebfeder** fast aller seiner Personen ist eine **beherrschende Leidenschaft**. Außer diesem wissenschaftlichen Antrieb hatte Balzac die große Gabe Molières, im charakteristischen Detail intuitiv den ganzen Menschen zu erfassen und umgekehrt, durch charakteristische Einzelzüge den wirklichen Menschen erkennen zu lassen. Diese **kreative Intuition** macht ihn zum Vorläufer der Kriminalromane von Georges Simenon. Die sozialen, ökonomischen, psychologischen und physiologischen Gesetze, die er demonstriert, dienen oft nur dazu, die Authentizität seiner Darstellung zu dokumentieren. Auf der Suche nach einem Titel denkt er zunächst an *Etudes Sociales*, dann aber findet er, an Dantes Göttliche Komödie anschließend, den einzig gemäßen: *La Comédie Humaine*. Darin ist, wie er sagt, jedes Kapitel ein Roman und jeder Roman eine Epoche.

Die Beobachtung des sozialen Kampfes aller gegen alle hat ihn zu der pessimistischen Überzeugung gebracht, dass die entfesselten Egoismen nur durch starke Ordnungsmächte wie Kirche und Staat zu bändigen sind. Aus gesicherten, wenn auch kleinbürgerlichen Verhältnissen stammend, hat er die soziale Unsicherheit zeit seines Lebens bitter empfunden. Sein erster Versuch, in dem großen gesellschaftlichen Spiel um das Geld mitzuspielen, wird zur finanziellen Katastrophe. Er muss bis zu seinem Tode gegen den Schuldenberg anschreiben, den er als Fünfundzwanzigjähriger aufwirft. Sein ganzes Leben währt auch die **Romanze** mit einer fernen Geliebten, der **Polin Hanska**. Als es endlich zur Eheschließung kommt, ist seine Lebensenergie verglüht.

Honoré de Balzac: Eugénie Grandet

Die Habgier als Leidenschaft hat die Dichter seit der Antike fasziniert. Balzac zeigt den Typ des Geizigen nach Molière in einer großartigen neuen Perspektive. Nie scheint das Geld in der Geschichte eine solche Rolle gespielt zu haben wie im 19. Jahrhundert. Wohlstand ist das konstitutive Element der bürgerlichen Gesellschaft, Reichtum seit dem Mit-

telalter die Macht, mit der sich die Städte gegen den Adel durchsetzen. Balzac selbst ist ständig in abenteuerliche Spekulationen verstrickt.

In dem Roman Eugénie Grandet *zeigt er einen Vater, der das Lebensglück seiner Tochter der eigenen Raffgier opfert. Balzacs Darstellung des sterbenden Grandet legt durch ihre karikaturale Übertreibung den paradoxen Kern dieser Leidenschaft frei. Schon die Moralisten charakterisieren den Geiz als die Glückserfüllung des dritten Lebensalters, dem zur Liebe die Anmut und zur Karriere die Kraft nicht mehr reicht. Dem Psychologen zeigt die Habgier, dass Glückserfüllung auch aus der reinen Negativität möglich ist.*

Grandet kann aus eigener Kraft weiteren Reichtum nicht mehr anhäufen, seine Existenz erhält ihre Spannung einzig noch durch das bloße Zusammenhalten und Bewachen des Errafften. Die Tatsache, dass er seine Reichtümer nicht mit ins Grab nehmen kann, verdrängt er. Das Glück seiner Tochter, für das sie ja bei Vererbung eine sinnvolle Verwendung fänden, ist ohnehin kein Gesichtspunkt für den Egoisten. So kommt es zu dem absurden Schluss, dass er sie als seine Vermögensverwalterin einsetzt, die ihm im Jenseits einst die genaue Abrechnung präsentieren muss. Er glaubt also offensichtlich an ein Jenseits und dann auch noch an eines, in dem ebenfalls das Geld regiert.

... Dès le matin, il se faisait rouler entre la cheminée de sa chambre et la porte de son cabinet, sans doute plein d'or. Il restait là sans mouvement, mais il regardait tour à tour avec anxiété ceux qui venaient le voir et la porte doublée de fer. Il se faisait rendre compte des moindres bruits qu'il entendait; et, au grand étonnement du notaire, il entendait le bâillement de son chien dans la cour. Il se réveillait de sa stupeur apparente au jour et à l'heure où il fallait recevoir des fermages, faire des comptes avec des closiers ou donner des quittances. Il agitait alors son fauteuil à roulettes jusqu'à ce qu'il se trouvât en face de la porte de son cabinet. Il le faisait ouvrir par sa fille et veillait à ce qu'elle plaçât en secret elle-même les sacs d'argent les uns sur les autres, à ce qu'elle fermât la porte. Puis il revenait à sa place silencieusement aussitôt qu'elle lui avait rendu la précieuse clef, toujours placée dans la poche de son gilet et qu'il tâtait de temps en temps. D'ailleurs, son vieil ami le notaire, sentant que la riche héritière épouserait nécessairement son neveu, le président, si Charles Grandet ne revenait pas, redoubla de soins et d'attentions; il venait tous les jours se mettre aux ordres de Grandet, allait à son commandement à Froidfond, aux terres, aux prés, aux vignes, vendait les récoltes et transmutait tout en or et en argent qui venait se réunir secrètement aux sacs empilés dans le cabinet. Enfin arrivèrent les jours d'agonie, pendant lesquels la forte charpente du bonhomme fut aux prises avec la destruction. Il voulut rester assis au coin de son feu devant la porte de son cabinet. Il attirait à lui et roulait toutes les couvertures que l'on mettait sur lui, et disait à Nanon:

– Serre, serre ça, pour qu'on ne me vole pas.

Quand il pouvait ouvrir les yeux, où toute sa vie s'était réfugiée, il les tournait aussitôt vers la porte du cabinet où gisaient ses trésors, en disant à sa fille:

– Y sont-ils? y sont-ils? d'un son de voix qui dénotait une sorte de peur panique.

– Oui, mon père.

– Veille à l'or! … mets de l'or devant moi!

Eugénie lui étalait des louis sur une table, et il demeurait des heures entières les yeux attachés sur les louis comme un enfant qui, au moment où il commence à voir, contemple stupidement le même objet; et, comme à un enfant, il lui échappait un sourire pénible.

– Ça me réchauffe! disait-il quelquefois en laissant paraître sur sa figure une expression de béatitude.

Lorsque le curé de la paroisse vint l'administrer, ses yeux, morts en apparence depuis quelques heures, se ranimèrent à la vue de la croix, des chandeliers, du bénitier d'argent qu'il regarda fixement, et sa loupe remua pour la dernière fois. Lorsque le prêtre lui approcha des lèvres le crucifix en vermeil pour lui faire baiser l'image du Christ, il fit un épouvantable geste pour le saisir, et ce dernier effort lui coûta la vie. Il appela Eugénie, qu'il ne voyait pas, quoiqu'elle fût agenouillée devant lui et qu'elle baignât de ses larmes une main déjà froide.

– Mon père, bénissez-moi, demanda-t-elle.

– Aie bien soin de tout! Tu me rendras compte de ça là-bas, dit-il.

Honoré de Balzac: *Eugénie Grandet*, Paris 1964, Garnier-Flammarion, S. 187–189

Gustave Flaubert (1821–1880)

Flaubert bringt in seiner Person und in seinem Werk das **Problem der romantischen Generation** auf den Begriff und damit zu einer Lösung. Es ist ein **gebrochenes Verhältnis zur Realität**. Er wächst auf in den melancholischen Träumereien des René von Chateaubriand und identifiziert sich mit dem Antony des Alexandre Dumas. Seine **schwärmerische Jugendliebe** zu der älteren **Elisa Schlesinger** bleibt fünfunddreißig Jahre lang ein heilig gehütetes Geheimnis. Die Wirklichkeit, in die er bei Aufnahme seines Jurastudiums in Paris eintritt, bleibt für ihn immer das Fremde, das für ihn gerade darum immer das Faszinierende sein wird. In seinen Werken versucht er, sie zu erfassen mit einer zermürbenden Aufarbeitung der Dokumentation. Noch unfassbarer scheint die innere Realität seiner Romangestalten, für die er sich eine Art strenger Verhaltensforschung auferlegt. Allerdings kommt ihm hier die eigene Lebenserfahrung zu Hilfe, denn sowohl Emma Bovary als auch Frédéric Moreau sind Modellfiguren, durch die er seine eigene Wirklichkeit zu verstehen sucht. Der viel besprochene **Bovarismus** ist aber kein individualpsychologisches Krankheitsbild, sondern das **Porträt einer Generation**.

Paris bringt für Flaubert zunächst die beglückende Begegnung mit dem bewunderten Victor Hugo. Die Begegnung mit der Realität ist aber durch eine unerklärte Nervenkrise 1843 schon wieder beendet. Er zieht sich daraufhin in sein Landhaus zurück, wo schmerzliche persönliche Verluste bei ihm einen

allgemeinen Pessimismus entwickeln, der sich im Fortgang seines Lebens nur noch weiter verstärkt. Die Hingabe an das Werk und die **asketische Arbeit an seinem Stil** sind für ihn eine Art **Erlösungstherapie**. Er unterbricht diese Einsiedelei nur durch Reisen nach Vorderafrika und eine gewaltige Korrespondenz mit gleichgesinnten Künstlern und Freunden. Vor seinem Tod hat er noch die Genugtuung, dass die junge Generation der Naturalisten um Zola und Maupassant ihn als ihren Vorläufer und Lehrmeister des Romans anerkennt.

Gustave Flaubert: L'Education sentimentale

Nach dem glänzenden Durchbruch von Madame Bovary, *1857, ist die* Education sentimentale *1869 ein Misserfolg. Der Titel erinnert an die* Schule der Liebe *von Ovid, jedoch geht es hier nicht nur um Liebe. Der Roman entwirft ein Panorama der Pariser Gesellschaft vor der Revolution von 1848. Der Held, Frédéric Moreau, ist wie der junge Flaubert von Hause so gestellt, dass er in Paris nicht unbedingt ein Brotstudium aufnehmen muss. Er hat eher künstlerische Ambitionen und überlässt sich zunächst dem Großstadttreiben.*

Mittelpunkt seines Lebens wird für Frédéric sehr bald die Liebe zur Marie Arnoux. Ihr Mann, Jacques Arnoux, ist der Typ des mittelständischen Unternehmers und Geschäftemachers; seine Frau entdeckt bald gemeinsame geistige Interessen mit Frédéric und ihre Begegnungen sind für beide schließlich die Erfüllung ihrer Tage. Diese Liebe wird aber bis zum Schluss keine leibliche Verwirklichung finden. Der Abend, für den Marie Arnoux Frédéric ein Zusammentreffen in dem von ihm vorbereiteten Liebesnest versprochen hat, fällt genau auf den 22. Februar 1848, an dem die Revolution ausbricht. Sie ist durch die Unruhe in der Stadt und die Sorge um ihre Kinder verhindert. Frédéric erblickt darin einen Verrat und verbringt in einer Trotzreaktion die Nacht mit Rosanette, die von ihrem Lebensstil her weniger schwer zugänglich ist. Es fällt schwer, in dieser Episode nicht eine Allegorie der gesellschaftlichen Zustände zu sehen. In der Unmöglichkeit, das hohe Ideal seiner Liebe zu verwirklichen, begnügt sich Frédéric mit einer Ersatzbefriedigung auf dem konkreteren sinnlichen Niveau. Seine völlige Indifferenz gegenüber dem äußeren Geschehen ist die Haltung einer ganzen Generation und deutet an, warum die hohen Ziele von 1789 in den folgenden Klassenkämpfen zu materialistischen Interessenskonflikten verkommen und sehr bald eine neue Diktatur herrscht.

Des hommes des faubourgs passaient, armés de fusils, de vieux sabres, quelques-uns portant des bonnets rouges, et tous chantant *la Marseillaise* ou *les Girondins*. Çà et là, un garde national se hâtait pour rejoindre sa mairie. Des tambours, au loin, résonnaient. On se battait à la porte Saint-Martin. Il y avait dans l'air quelque chose de gaillard et de belliqueux. Frédéric marchait toujours. L'agitation de la grande ville le rendait gai.

A la hauteur de Frascati, il aperçut les fenêtres de la Maréchale; une idée folle lui vint, une réaction de jeunesse. Il traversa le boulevard.

On fermait la porte cochère; et Delphine, la femme de chambre, en train d'écrire dessus avec un charbon: «Armes données,» lui dit vivement:

– «Ah! Madame est dans un bel état! Elle a renvoyé ce matin son groom qui l'insultait. Elle croit qu'on va piller partout! Elle crève de peur!

d'autant plus que Monsieur est parti!»

– «Quel Monsieur?»

– «Le Prince!»

Frédéric entra dans le boudoir. La Maréchale parut, en jupon, les cheveux sur le dos, bouleversée.

– «Ah! merci! tu viens me sauver! c'est la seconde fois! tu n'en demandes jamais le prix, toi!»

– «Mille pardons!» dit Frédéric, en lui saisissant la taille dans les deux mains.

– «Comment? que fais-tu?» balbutia la Maréchale, à la fois surprise et égayée par ces manières.

Il répondit:

– «Je suis la mode, je me réforme.»

Elle se laissa renverser sur le divan, et continuait à rire sous ses baisers.

Ils passèrent l'après-midi à regarder, de leur fenêtre, le peuple dans la rue. Puis il l'emmena dîner aux Trois-Frères-Provençaux. Le repas fut long, délicat. Ils s'en revinrent à pied, faute de voiture.

A la nouvelle d'un changement de ministère, Paris avait changé. Tout le monde était en joie; des promeneurs circulaient, et des lampions à chaque étage faisaient une clarté comme en plein jour. Les soldats regagnaient lentement leurs casernes, harassés, l'air triste. On les saluait, en criant: «Vive la ligne!» Ils continuaient sans répondre. Dans la garde nationale, au contraire, les officiers, rouges d'enthousiasme, brandissaient leur sabre en vociférant: «Vive la réforme!» et ce mot-là, chaque fois, faisait rire les deux amants. Frédéric blaguait, était très gai.

Par la rue Duphot, ils atteignirent les boulevards. Des lanternes vénitiennes, suspendues aux maisons, formaient des guirlandes de feux. Un fourmillement confus s'agitait en dessous; au milieu de cette ombre, par endroits, brillaient des blancheurs de baïonnettes. Un grand brouhaha s'élevait. La foule était trop compacte, le retour direct impossible; et ils entraient dans la rue Caumartin, quand, tout à coup, éclata derrière eux un bruit pareil à un craquement d'une immense pièce de soie que l'on déchire. C'était la fusillade du boulevard des Capucines.

– «Ah! on casse quelques bourgeois,» dit Frédéric tranquillement, car il y a des situations où l'homme le moins cruel est si détaché des autres qu'il verrait périr le genre humain sans un battement de cœur.

La Maréchale, cramponnée à son bras, claquait des dents. Elle se déclara incapable de faire vingt pas de plus. Alors, par un raffinement de haine, pour mieux outrager en son âme Mme Arnoux, il l'emmena jusqu'à l'hôtel de la rue Tronchet, dans le logement préparé pour l'autre.

Les fleurs n'étaient pas flétries. La guipure s'étalait sur le lit. Il tira de l'armoire les petites pantoufles. Rosanette trouva ces prévenances fort délicates.

Vers une heure, elle fut réveillée par des roulements lointains; et elle le vit qui sanglotait, la tête enfoncée dans l'oreiller.

– «Qu'as-tu donc, cher amour?»

– «C'est excès de bonheur», dit Frédéric. «Il y avait trop longtemps que je te désirais!»

Gustave Flaubert: L'Education sentimentale, Paris 1958, Classiques Garnier, S. 283–285, II Chapitre 6.

Emile Zola (1840–1902)

Fast ebenso wie durch seine Romane ist Zola durch sein **politisches Engagement** in der **Dreyfus-Krise** berühmt geworden. Die Armee hatte in einem Spionageskandal einen Sündenbock gebraucht und mit dem chauvinistischen Teil des Bürgertums im Rücken den jüdischen Hauptmann Dreyfus zu Unrecht verurteilt. **1898** schreibt Zola dagegen seinen Artikel „**J'accuse**" und Dreyfus kann nach langen Verwicklungen rehabilitiert werden.

Auch seine erste Schrift ist schon ein Protest gegen bürgerlichen Konformismus und Erstarrung in konventionellen Seh- und Denkgewohnheiten. In dem Artikel „Mes Haines" verteidigt er 1866 den Maler Edouard Manet, dessen Bilder die Gesellschaft ebenso skandalisieren wie später Zolas erster Erfolgsroman *L'Assommoir*. In dessen Vorwort verteidigt er sich gegen den Vorwurf der Unmoralität in der Darstellung des Arbeitermilieus mit dem gleichen Argument, das schon Baudelaire für die *Fleurs du Mal* gedient hatte, dass nämlich der Spiegel nicht für die Hässlichkeiten verantwortlich sein kann, die er wiedergibt. Ein anderer Vorwurf gegen seinen Roman wird heute auch als ein Vorzug gewertet, dass mit dem Proletariat als dem neuen Protagonisten seiner Werke endlich auch die Sprache des Volkes in der Literatur zu hören ist. Die Vermutung liegt nahe, dass er unter dem Eindruck der blutigen Repression der Kommune 1871 zu der Konzeption seines **Romanzyklus der Rougon-Macquart** gekommen ist, mit dem er die „Natur- und Sozialgeschichte einer Familie während des zweiten Kaiserreiches" schreiben wollte. Sein **soziales Engagement** hat aber auch eine **wissenschaftliche Wurzel**. Zola will die **deterministische Philosophie** von **Hippolyte Taine** in der Literatur demonstrieren. Die **experimentelle Methode der Naturwissenschaften** übernimmt er von dem Biologen **Claude Bernard**. Daraus entwickelt er die Theorie des „**Roman expérimental**". Er soll zeigen, wie der physiologisch konstituierte Mensch nach Maßgabe seiner Erbmasse in einem bestimmten Milieu auf Begegnungen und Umstände notwendig reagieren muss.

Zolas dichterische Vorstellungskraft erinnert an seinen großen Vorläufer Victor Hugo in *Les Misérables*, seine Sprache ist eher suggestiv als deskriptiv und dazu hat er einen unvergleichlichen Blick für die symbolische Bedeutung von bestimmten Gegenständen, Menschen und Situationen. Unbestrittene Meisterschaft erreicht sein Stil in der Darstellung von Menschenmassen und Massen in Bewegung. Auch verdanken wir ihm seine erste Psychologie von Kollektiven wie auch von Individuen der Arbeiterklasse.

Emile Zola: Germinal

In dem Roman Germinal *(1885), so benannt nach dem Frühlingsmonat im Kalender der Revolution, dokumentiert Zola einen Bergarbeiterstreik in der Nordprovinz, lange bevor eine Sozialgesetzgebung in irgendeiner Form existierte. Zu dem Streik hat der Sozialist Lantier die Kollegen aufgerufen, weil die Arbeits- und Lohnbedingungen wieder einmal besonders unerträglich sind. Die Arbeitgeber sitzen am längeren Hebel, weil auch Gewerkschaften noch nicht existieren, und warten, bis der Hunger die Bergleute zur offenen Revolte bringt. Sie entgleiten auch der Kontrolle Lantiers, zertrümmern ihre Produktionsmittel und rücken in einem bedrohlichen Protestzug vor die Direktionsgebäude. Die Polizei wird alarmiert und die Revolte wie der Aufstand der Kommune zusammengeschossen. Die Übriggebliebenen nehmen die Arbeit wieder auf. Der Roman endet mit einer Bergwerkskatastrophe, die von dem Anarchisten Suwarin mutwillig inszeniert wird, um die Krise des Kapitalismus und damit die Revolution zu beschleunigen. Lantier ist von der gewaltsamen Lösung der Probleme nicht mehr überzeugt. Er geht nach Paris, um für die Organisation der Arbeitnehmer und eine Sozialgesetzgebung zu kämpfen.*

Den Vorbeizug der fanatisierten Menge schildert Zola aus der Perspektive von Madame Hennebau, der Frau des Bergwerkdirektors. Sie hat sich mit einigen Gästen in einer Scheune notdürftig versteckt und verfolgt das Geschehen in einer Mischung aus Schrecken und Faszination. Im Schlussteil der Schilderung reißt dabei Zola weitere historische Horizonte auf.

Les femmes avaient paru, près d'un millier de femmes, aux cheveux épars dépeignés par la course, aux guenilles montrant la peau nue, des nudités de femelles lasses d'enfanter des meurt-de-faim. Quelques-unes tenaient leur petit entre les bras, le soulevaient, l'agitaient, ainsi qu'un drapeau de deuil et de vengeance. D'autres, plus jeunes, avec des gorges gonflées de guerrières, brandissaient des bâtons; tandis que les vieilles, affreuses, hurlaient si fort, que les cordes de leurs cous décharnés semblaient se rompre. Et les hommes déboulèrent ensuite, deux mille furieux, des galibots, des haveurs, des raccommodeurs, une masse compacte qui roulait d'un seul bloc, serrée, confondue, au point qu'on ne distinguait ni les culottes déteintes ni les tricots de laine en loques, effacés dans la même uniformité terreuse. Les yeux brûlaient, on voyait seulement les trous des bouches noires, chantant *la Marseillaise,* dont les strophes se perdaient en un mugissement confus, accompagné par le claquement des sabots sur la terre dure. Au-dessus des têtes, parmi le hérissement des barres de fer, une hache passa, portée toute droite; et cette hache unique, qui était comme l'étendard de la bande, avait, dans le ciel clair, le profil aigu d'un couperet de guillotine.

«Quels visages atroces!» balbutia Mme Hennebeau.

Négrel dit entre ses dents: «Le diable m'emporte si j'en reconnais un seul! D'où sortent-ils donc, ces bandits-là?»

Et, en effet, la colère, la faim, ces deux mois de souffrances et cette débandade enragée au travers des fosses, avaient allongé en mâchoires de bêtes fauves les faces placides des houilleurs de Montsou. A ce moment, le soleil se couchait, les derniers rayons d'une pourpre sombre ensanglantaient la plaine. Alors, la route sembla charrier du sang, les femmes, les hommes continuaient à galoper, saignants comme des bouchers en pleine tuerie.

«Oh! superbe!» dirent à demi-voix Lucie et Jeanne, remuées dans leur goût d'artistes par cette belle horreur. Elles s'effrayaient pourtant, elles reculèrent près de Mme Hennebeau, qui s'était appuyée sur une auge. L'idée qu'il suffisait d'un regard entre les planches de cette porte disjointe, pour qu'on les massacrât, la glaçait. Négrel se sentait blêmir, lui aussi, très brave d'ordinaire, saisi là d'une épouvante supérieure à sa volonté, une de ces épouvantes qui soufflent de l'inconnu. Dans le foin, Cécile ne bougeait plus. Et les autres, malgré leur désir de détourner les yeux, ne le pouvaient pas, regardaient quand même.

C'était la vision rouge de la révolution qui les emporterait tous, fatalement, par une soirée sanglante de cette fin de siècle. Oui, un soir, le peuple lâché, débridé, galoperait ainsi sur les chemins: et il ruissellerait du sang des bourgeois, il promènerait des têtes, il sèmerait l'or des coffres éventrés. Les femmes hurleraient, les hommes auraient ces mâchoires de loups, ouvertes pour mordre. Oui, ce seraient les mêmes guenilles, le même tonnerre de gros sabots, la même cohue effroyable, de peau sale, d'haleine empestée, balayant le vieux monde, sous leur poussée débordante de barbares. Des incendies flamberaient, on ne laisserait pas debout une pierre des villes, on retournerait à la vie sauvage dans les bois, après le grand rut, après la grande ripaille, où les pauvres, en une nuit, efflanqueraient les femmes et videraient les caves des riches. Il n'y aurait plus rien, plus un sou des fortunes, plus un titre des situations acquises, jusqu'au jour où une nouvelle terre repousserait peut-être. Oui, c'étaient ces choses qui passaient sur la route, comme une force de la nature, et ils en recevaient le vent terrible au visage.

Un grand cri s'éleva, domina *la Marseillaise:*

«Du pain! du pain! du pain!»

Emile Zola: *Germinal*, Paris 1968, Garnier-Flammarion, S. 344–346

Zeittafel zur Romantik und zum Realismus

	Politik, Gesellschaft und Kultur	Literatur
1801	Konkordat (regelte das Verhältnis von Kirche und Staat; es bestand bis 1905)	Chateaubriand: Le Génie du Christianisme (1802)
1804	Napoleon I.: Code Civil („Code Napoléon“, umfassende und grundlegende Reform des Rechtssystems, das auch für Westfalen, Baden und die Hansestädte Maßstäbe setzte)	Mme de Staël: De L'Allemagne (1810)
1815	Ludwig XVIII.	Hugo: Les Odes (1820)
		Stendhal: Racine et Shakespeare (1821)
1822	Delacroix: Dante et Virgil aux enfers	Vigny: Poèmes (1822)
1824	Karl X.	
1825	† Saint-Simon (Vertreter der frühsozialistischen Theorie)	
	† David (berühmtester Maler des französischen Klassizismus)	Hugo: Préface de Cromwell (1827)
1830	Louis-Philippe	Stendhal: Le Rouge et le Noir (1830)
1830–42	Comte: Philosophie Positive	
1835	erste politisch-literarische Tageszeitung (La Presse)	
1837	† Fourier (Vertreter der frühsozialistischen Theorie)	Balzac: La Comédie Humaine (1842)
1848	II. Republik	Flaubert: Madame Bovary (1856)
1849	Courbet: Un enterrement à Ornans (Beginn des Realismus in der Malerei)	Baudelaire: Les Fleurs du Mal (1857)
1852	Napoleon III.	Hugo: Les Misérables (1862)
1863	Renan: La Vie de Jesus	
	Manet: Olympia	
	Taine: Histoire de la Littérature Anglaise	Daudet: Lettres de mon Moulin (1866)
	Michelet: Histoire de France	Le Parnasse Contemporain (1866)
1870/71	Deutsch-Französischer Krieg	
	III. Republik	
	Pariser Kommune	Rimbaud: Le Bateau Ivre (1871)
1875	Präsidialverfassung	Mallarmé: L'Après-Midi d'un Faune (1876)
1881	† Blanqui (Vertreter der frühsozialistischen Theorie)	Verlaine: Sagesse (1881)
1883	Einführung der laizistischen Schule mit allgemeiner Schulpflicht unter Jules Ferry	Zola: Germinal (1885)
		Manifeste du Symbolisme (1886)
1895	Dreyfus-Krise	Maupassant: Contes (1896)

Das 20. Jahrhundert

Das zentrale Ereignis ist zwischen den beiden Weltkriegen die Revolution des Surrealismus, der bis heute der modernen Kunst ihre Richtung gewiesen hat. Die Literatur gibt zum ersten Mal Orientierung im geistigen und politischen Umbruch. Auf André Gide als Präzeptor vor dem Zweiten Weltkrieg folgt die *Littérature engagée* von Sartre. Eine neue frankophone Literatur entsteht in den ehemaligen Kolonien.

Die abstrakte Kunst des 20. Jahrhunderts bricht mit der Tradition der Kunst als Abbild der Welt. Statt gegenständlicher Wiedergabe der Wirklichkeit schafft sie neue Wirklichkeiten aus reiner Form.

Die historische Situation Frankreichs im 20. Jahrhundert

Die französische Außenpolitik ist in diesem Jahrhundert wie die deutsche durch die beiden Weltkriege und den darauf folgenden Kalten Krieg bis zum Auseinanderfallen der Sowjetunion bestimmt. Für Frankreich kam die schwere **Problematik des Kolonialimperiums** hinzu. Die Mitte des Jahrhunderts bezeichnet eine Wende, insofern Frankreich sich bis dahin gegen die Aggression aus Deutschland auf die Hilfe der Alliierten England und Amerika stützte. Mit der Annäherung an Deutschland ging ein deutliches Unabhängigkeitsstreben einher, das sich in der Schaffung einer eigenen **Atomstreitmacht** unter De Gaulle manifestierte.

In der Innenpolitik haben beide Völker, wenn auch auf verschiedene Weise, mit der sozialen Frage und dem Verfassungsproblem zu schaffen. Während **soziale Reformen** in Deutschland eher durch Verordnung der Regierungsgewalt (von Stein, Bismarck, Hitler) geschahen, sind sie in Frankreich bis 1968 ein Erfolg ständigen aktiven Klassenkampfes. Auch die demokratische Verfassung ist der Bundesrepublik letztlich von den Siegermächten nach dem Zweiten Weltkrieg verpasst worden. In Frankreich besteht der **Konflikt** zwischen **Präsidialgewalt** und **Parlament** seit dem Staatsstreich Napoleons III., wenn nicht schon seit der Revolution von 1789.

Nachdem die Dritte Republik den Aufstand der Kommune 1871 niedergeschlagen hatte, begann sie 1880 mit der Amnestie der noch lebenden Kommunarden und Reformen, die zum ersten Mal Gewerkschaften und die Schulpflicht einführten. Eine rigorose **Trennung von Kirche und Staat** setzten 1905 die Radikalsozialisten durch. Der Erste Weltkrieg lenkte dann von den innenpolitischen Schwierigkeiten ab, die **1920** umso schärfer wieder aufbrachen und zur Bildung der **Kommunistischen Partei** führten. Beispiellos in der französischen Geschichte waren die Reformen der **Volksfront** von **1936** mit bezahltem Urlaub, 40-Stunden-Woche und Gewerkschaftsrecht.

Wieder unterbrach der Zweite Weltkrieg die innenpolitische Gesundung. Die Vierte Republik hatte zunächst mit der Verfolgung der Nazi-Sympathisanten zu tun, doch leitete sie in den vierziger Jahren die ersten Verstaatlichungen ein, kam aber trotzdem mit den **Kommunisten** in einen Gegensatz, der **1947** zu deren **Ausschluss aus dem Parlament** führte. Die Fünfte Republik unter De Gaulle musste die Sozialpolitik über den außenpolitischen Schwierigkeiten in **Algerien** und **Indochina** wieder vernachlässigen. Es kam so 1968 zu einer neuen Staatskrise, die aber von der KP und den Gewerkschaften in die Bahnen eines demokratischen Arbeitskampfes gelenkt wurde.

Die Initiative für jeden sozialen Fortschritt ging seit der Dritten Republik von den französischen Kommunisten aus. Im zwanzigsten Jahrhundert aber hat Frankreich auf diesem Wege eine Entwicklung genommen, die mit allem Vorangegangenen unvergleichlich ist. Die sozialistische Regierung von Mitterrand ist der vorläufige Endpunkt der Reformpolitik, die immerhin zur 39-Stunden-Woche, Mindestlöhnen (seit 1970!), Familienbeihilfen, Altersrenten und weiteren Verstaatlichungen geführt hat. Zwischen 1986 und 1988 war Mitterrand zur **Cohabitation**, der Zusammenarbeit mit der wieder erstarkten Rechten, gezwungen. Er ernannte daher Chirac zum Premierminister, der ihn 1995 im Amt des Präsidenten der Republik ablösen sollte. Nach dem Sieg der Sozialisten bei den Parlamentswahlen von 1997 musste auch dieser eine Cohabitation mit Lionel Jospin als Ministerpräsidenten eingehen.

Allgemeine Charakteristik der französischen Literatur zwischen Tradition und Emanzipation

Die beiden Weltkriege sind auch in der Literatur des Jahrhunderts entscheidende Einschnitte, denn nach überstandener Dreyfus-Krise setzte die Dritte Republik ihre „Belle Epoque" zunächst fort. Allein die Werke **André Gides** zeigen die ernste Bemühung, einen neuen Standort zu finden in einer Zeit, die als Umbruch zwischen Tradition und Emanzipation empfunden wird. Charakteristisch für ihn sind einerseits das von Nietzsche inspirierte Buch *L'Immoraliste* und andererseits Titel mit theologischer Fragestellung wie *La Porte Etroite* und *La Symphonie pastorale.*

Die Erfahrung des Ersten Weltkriegs bringt für die Literatur wie in der Gesellschaft eine radikale Neubesinnung. Das **Manifest des Dadaismus** von Tristan Tzara unternimmt 1919 die Destruktion aller überkommenen Seh-, Hör-, Denk- und Lebensgewohnheiten. Der **Surrealismus** der zwanziger Jahre findet für die Dichtung neue Inhalte, indem er die unbewussten Kräfte der Seele freisetzt. Die große Entdeckung der Nachkriegszeit war die Tiefenpsychologie von **Sigmund Freud** und es ist kein Zufall, dass die beiden führenden Köpfe der Bewegung gelernte Mediziner sind: **André Breton** und **Louis Aragon**. Die neue lyrische Technik ist die freie Assoziation der Bilder, die Traumstruktur und die **Ecriture automatique**, ein halbbewusstes Sprechen wie auf dem Sofa des Therapeuten. Bei Antonin Artaud wird auch der klinische Irrsinn noch ausgebeutet.

Wie meist die großen Revolutionen, hat auch der Surrealismus die Welt nicht von Grund auf neu errichten können, ist aber für alle Bereiche der Kunst von mächtiger Triebkraft geblieben. Schon 1916 war in dem Ballett „Parade“, das Eric Satie zusammen mit Jean Cocteau herausbrachte, eine neue Musik zu hören; die neue Malerei wird von **Max Ernst** und Francis Picabia eingeleitet. Pablo **Picasso** schafft das Bühnenbild für den größten Theatererfolg der Epoche, die russischen Balletts von Diaghilev. Vor allem die neue Kunst des Kinos bot sich den modernen Bestrebungen an, weil sie das Zusammenwirken aller Künste ermöglichte: Marcel Herbier mit **Fernand Léger, René Clair** mit Eric Satie. Höhepunkte waren schließlich die Filme von **Luis Buñuel** und **Jean Cocteau**. Das Theater der Nachkriegszeit hat einen solchen Aufschwung nicht erlebt. Die Bühnen der Hauptstadt zeigen den gewohnten mächtigen Verbrauch an Stücken, doch gehen diese nur in Ausnahmefällen über das Niveau der Unterhaltung hinaus. Alle werden zudem überragt durch die Gestalt **Paul Claudels**, der das theologische Drama auf eine seit dem Barock nicht mehr erreichte Höhe führte. Er selbst beschreibt seine Dichtung als Protest gegen das Menschenbild des Naturalismus und dessen Reduzierung auf die bloße Triebnatur. In dem Stück *Der seidene Schuh* (1924) müssen die Liebenden sich auch wieder achten können, um sich zu lieben. Es geht jedoch nicht um die weltliche Ehre wie bei Corneille, sondern um das Bestehen vor den Augen Gottes. Dafür verzichtet das Paar auf die leibliche Verwirklichung der Liebe. In einer wahrhaft faustischen Anstrengung vollendet Doña Prouhèze diesen Heilsplan an dem Tatmenschen Don Rodrigo, und das zu einer Zeit, als die europäischen Bühnen von den Frauengestalten Strindbergs, Wedekinds und Brechts beherrscht werden.

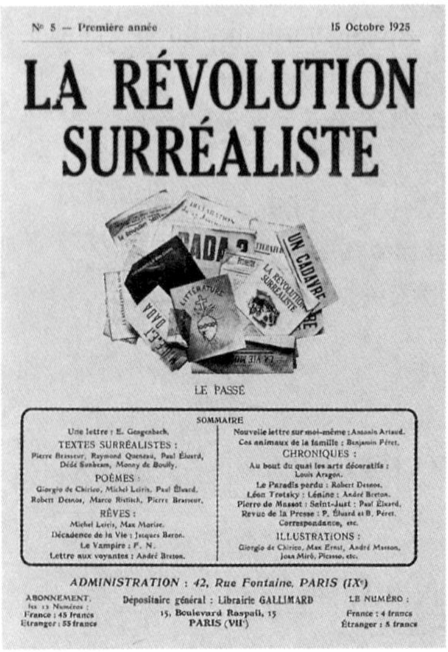
N° 5 — Première année 15 Octobre 1925

LA RÉVOLUTION SURRÉALISTE

LE PASSÉ

SOMMAIRE

Une lettre : E. Gengenbach.
TEXTES SURRÉALISTES :
Pierre Brasseur, Raymond Queneau, Paul Éluard, Dédé Sunbeam, Monny de Boully.
POÈMES :
Giorgio de Chirico, Michel Leiris, Paul Éluard, Robert Desnos, Marco Ristitch, Pierre Brasseur.
RÊVES :
Michel Leiris, Max Morise.
Décadence de la Vie : Jacques Baron.
Le Vampire : F. N.
Lettre aux voyantes : André Breton.
Nouvelle lettre sur moi-même : Antonin Artaud.
Ces animaux de la famille : Benjamin Péret.
CHRONIQUES :
Au bout du quai les arts décoratifs : Louis Aragon.
Le Paradis perdu : Robert Desnos.
Léon Trotsky : Lénine : André Breton.
Pierre de Massot : Saint-Just : Paul Éluard.
Revue de la Presse : P. Éluard et B. Péret.
Correspondance, etc.
ILLUSTRATIONS :
Giorgio de Chirico, Max Ernst, André Masson, Joan Miró, Picasso, etc.

ADMINISTRATION : 42, Rue Fontaine, PARIS (IXe)

ABONNEMENT, les 12 Numéros : France : 45 francs Étranger : 55 francs
Dépositaire général : Librairie GALLIMARD 15, Boulevard Raspail, 15 PARIS (VIIe)
LE NUMÉRO : France : 4 francs Étranger : 5 francs

Titelblatt von *La Révolution surréaliste*, Nr. 146

Erst **Jean Giraudoux** wird in den dreißiger Jahren eine dauerhafte Renaissance des französischen Theaters heraufführen, die auch nach dem Zweiten Weltkrieg ihre Fortsetzung mit den Stücken von **Sartre, Camus** und **Anouilh** findet. Durch den Zusammenbruch des Faschismus, aber auch die Demaskierung des stalinistischen Systems stellt sich für diese Autoren noch viel radikaler als nach dem Ersten Weltkrieg die Frage nach den letzten Prinzipien des menschlichen Handelns. Die **existenzialistische Philosophie** lässt eine Subkultur der Jugend entstehen wie zwanzig Jahre später die Hippie-Bewegung.

In Paris sind in dieser Zeit schwarze Rollkragenpullover die Mode und Kinnbärte ebenso wie die Chansons von Boris Vian und Juliette Gréco.

Jean-Paul Sartre ist der entschiedenste und scharfsinnigste Denker der Epoche. 1952 führt sein marxistisches Engagement noch zum Zerwürfnis mit dem Freund **Albert Camus**. Der **Einmarsch der sowjetischen Truppen nach Ungarn** bezeichnet 1956 aber auch für Sartre eine grundsätzliche Wende. Mit dem Ende des Kalten Krieges verlieren diese Probleme ihr Gewicht und wie in den griechischen Festspielen zu Ehren der Götter folgt auf die hohe Tragödie das komödiantische Satyrspiel von **Jean Anouilh**. In dem Stück *Les Poissons Rouges* von 1970 macht er sich über seine humorlosen Zeitgenossen lustig; gezielt ist auf Sartre, Camus, Malraux und die inzwischen berühmten Autoren des **Nouveau Théâtre**: Ionesco und Beckett. Sartre soll im persönlichen Umgang ein humoriger Mensch gewesen sein, in seinen ideologischen Stücken erlaubt er sich auch nicht das geringste Augenzwinkern. Ionescos frühe Stücke hatten die überraschende Komik der völligen Sinnlosigkeit ihrer Dialoge, doch eine dauerhafte Bühnenwirksamkeit erreichte *Rhinocéros* durch die Rückkehr zur dramatischen Fabel und zum logisch verknüpften Dialog.

Die Stücke von **Samuel Beckett** werden von den Spezialisten der Literatur als Antitheater oder ontologische Farce bezeichnet. Beides trifft zu, wenn man ihren Publikumserfolg betrachtet. *Warten auf Godot* zum Beispiel ist so allgemein wie der Begriff des Seins selbst oder die Ontologie als Wissenschaft vom Sein, und entsprechend öde. Wenn hier eine Ontologie zugrunde liegt, dann fehlt in ihr die konkrete Existenz: das menschliche Individuum und die Geschichtlichkeit. Gerade dies aber haben Anouilhs Stücke in aktueller Frische. Er hat unser Jahrhundert seit 1916 mit seinem Theater begleitet. In *Les Poissons Rouges* findet sich noch einmal ein Panorama aller bis in diese Tage virulenten Ideologien und volkstümlichen Philosopheme.

Der französische Roman setzte auch nach dem Ersten Weltkrieg noch die große Tradition seiner Autoren des 19. Jahrhunderts fort. Die Darstellungen der bürgerlichen Gesellschaft werden immer monumentaler, als müsste hier eine entschwindende Kultur noch einmal festgehalten werden, aber auch der **Bildungsroman** lebt weiter, so bei **Romain Rolland** in *Jean Christophe*. Andere Werke zeigen schon im Titel, dass es sich um Familiengeschichte über mehrere Generationen handelt: *Les Thibault* von Roger Martin du Gard und *Les Pasquier* von Georges Duhamel. Als einziger geht **André Gide** wenigstens neue Wege in der Erzählstruktur des Romans *Les Faux-Monnayeurs*. Alle aber werden in den Schatten gestellt durch das Riesenwerk von **Marcel Proust** *A la Recherche du Temps perdu*.

In den großen Romanzyklen dieser Zeit ist neben der Darstellung auch immer das Bemühen um Analyse der neuen Wirklichkeit deutlich. In den Dreißigerjahren aber wird eine Tendenz zu politischer Stellungnahme unübersehbar. Auf der einen Seite erlebt der Roman **katholischer Autoren** mit theologischer Problemlage einen Höhepunkt in den Werken von Mauriac, Bernanos und Green. Auf der anderen finden der Kampf gegen den Faschismus in Spanien und die sozialistische Revolution in China und in Europa ihre Darstellung in den Werken von **Malraux** und **Aragon**. Die Chronik des Niedergangs der alten Welt wird bei diesen Autoren noch von der Hoffnung auf eine neue Gesellschaft getragen. Der kompromissloseste Zertrümmerer aller bürgerlichen Werte und zugleich das größte erzählerische Talent ist wieder ein gelernter Mediziner: **Louis Ferdinand Céline**, Armenarzt in der Pariser Vorstadt. Seine Diagnose ist vernichtend.

Als Einziger erhebt der Kritiker **Julien Benda** seine Stimme gegen den allgemeinen Herdentrieb der Intellektuellen, sich entweder rechts oder links in der Politik zu engagieren. Wie vor ihm **André Breton** und später **Albert Camus** sieht er die Autonomie der Kunst in Gefahr durch einseitige Festlegung in weltanschaulicher Tendenz. Über den Parteien steht in diesen Jahren **Antoine de Saint-Exupéry**, als habe ihn sein Fliegerberuf dazu prädestiniert. In der Tat eröffnet sich ihm schon früh die kosmologische Perspektive auf unsere Erde, die erst die spätere Weltraumfahrt in das allgemeine Bewusstsein heben wird. Die Kostbarkeit und die Gefährdung unseres Lebensraums machen seine Überlegungen in *Terre des Hommes* beklemmend aktuell.

Ungefähr zur gleichen Zeit wie das Nouveau Théâtre zeigen sich um 1960 bei den Autoren des **Nouveau Roman** auch endlich in der Erzählstruktur neue Ansätze. Die formalen Versuche von Robbe-Grillet, Sarraute und Butor beweisen, dass von allen Gattungen der Roman bis heute die größte Aufnahmefähigkeit in der Struktur wie in der Thematik bewahrt hat. Das scheint ihm eine solide Überlebenschance neben den neuen optischen Medien zu garantieren.

Paul Valéry (1871–1945)

Paul Valéry ist unter den französischen Lyrikern der **letzte Klassizist**. Anders als bei seinen surrealistischen Zeitgenossen sind seine Texte schwierig, aber nicht dunkel. **1921** gilt er nach dem Ergebnis einer Umfrage als der **größte Dichter der Gegenwart**. Dieses Ansehen gewinnt er durchbruchartig mit dem Poem „**La jeune Parque**“ von 1917 und schließlich der Gedichtsammlung *Charmes*, die er von 1919 bis 1922 konzipiert. Obwohl er danach keine Lyrik mehr verfasst, bleibt seine öffentliche Geltung ungebrochen und führt ihn bis zu höchsten Ehren, so der Aufnahme in die **Académie Française**, in das **Präsidium des Pen-Clubs** und die **Kultursektion des Völkerbunds**.

Schon der Zwanzigjährige hatte trotz einer dominanten mathematischen Vorliebe seine dichterischen Versuche im symbolistischen Stil gemacht. 1890 lernt er André Gide kennen und Stéphane Mallarmé, der in der Lyrik sein unbestrittenes Vorbild bleiben wird. Der junge Gide vermittelt ihm die Philosophie Schopenhauers und zusammen entwerfen sie in der Gestalt des Narziss als des Visionärs der eigenen inneren Welt ihre Konzeption des Dichters. Ab 1892 gibt Valéry die Dichtung für zwanzig Jahre völlig auf und widmet sich der Analyse des Bewusstseins und seiner Strukturen. In den „Cahiers“ setzt er diese Arbeit zeitlebens fort. Seiner Neuzuwendung zur Dichtung verdanken wir dadurch in *Charmes* die großartigste Umsetzung der **Genese von Sprache und Dichtung in Lyrik**. Ebenso war Valéry wie kein anderer in der Lage, in Vorträgen und Essays die **Theorie der reinen oder absoluten Dichtung** zu entwickeln, die seine Berühmtheit Ende der zwanziger Jahre etabliert, obwohl sie eher die Lyrik seines Lehrers Mallarmé definiert als die eigene.

Paul Valéry: Intérieur

Das Gedicht „Innenraum“ gibt auf der Bildebene den realen Innenraum einer Wohnung wieder. Einige Schlüsselwörter zeigen aber, dass dieser Innenraum der geschlossene Bereich des Bewusstseins ist: lit mystérieux, rêverie, absence, raison pure. *Die Hauptperson zumal ist nur in exotischem Umkreis denkbar.*

*Diese Sklavin stellt als Personalmetapher das nicht intentionale Bewusstsein dar. Es ermöglicht, dass bei voller Konzentration (*absence*) auf das reine Denken (*raison pure*) im halbbewussten Bereich (*rêverie*) Wahrnehmungen und Operationen geschehen. Die Beziehung des Unbewussten zur poetischen Inspiration ist angedeutet in der Metapher des geheimnisvollen Bettes, auf dem der Sprecher zum Beispiel in dem Gedicht „Les Pas“ den Kuss der Muse erwartet: die Inspiration, die den dichterischen Prozess freisetzt.*

Une esclave aux longs yeux chargés de molles chaînes
Change l'eau de mes fleurs, plonge aux glaces prochaines,
Au lit mystérieux prodigue ses doigts purs;
Elle met une femme au milieu de ces murs
Qui, dans ma rêverie errant avec décence,
Passe entre mes regards sans briser leur absence,
Comme passe le verre au travers du soleil,
Et de la raison pure épargne l'appareil.

Paul Valéry: „Intérieur“. In: *Poésies*, Paris 1958, © Editions Gallimard, S. 99

Guillaume Apollinaire (1880–1918)

Von Abstammung halb Balte, halb Italiener, ist Apollinaire der erste typische **Vertreter der multikulturellen Literatur der Hauptstadt**. Vor allem hat er Teil an den mächtigen Umbrüchen, die um 1920 die Kunst der Zeit bewegen: **Kubismus, Futurismus, Dada**. Die so genannten „Wilden" sind seine Freunde: Derain, Vlaminck, Laurencin, Picasso, Marinetti, Rousseau. Die Surrealisten sehen ihn als ihren Vorläufer, obwohl seine eigene Dichtung bis auf einige Beispiele eher der Tradition verpflichtet bleibt. Am Ersten Weltkrieg nimmt er als Freiwilliger für die französische Wahlheimat seiner Mutter teil und wird schwer verwundet. Er erliegt der Grippeepidemie von 1918. Mit der Veröffentlichung seiner Gedichte unter dem Titel **Alcools** ist er seit **1913** berühmt.

Guillaume Apollinaire: Saltimbanques

In dem eher schlichten Text von „Saltimbanques" gibt er eine Standortbestimmung des Künstlers am Anfang des Jahrhunderts. Von Baudelaire, Mérimée und Rimbaud nimmt er das Bild des fahrenden Volkes wieder auf, das auch auf die Malerei seiner Zeit, zum Beispiel Picasso, eine deutliche Faszination ausübt. Der Künstler existiert wie der Gaukler am Rande des gesellschaftlich besiedelten Raumes; er scheint zu einer verschwindenden Spezies zu gehören. Den Lebensunterhalt bestreitet er parasitär und eher zufällig, den Blick nicht auf die äußere Wirklichkeit, sondern nach innen gerichtet. Seine besondere Fähigkeit bezieht sich gerade auf das, was normale Menschen nicht können; die Geräte seines Handwerks sind zu jeder praktischen Verwendung untauglich. Durch die Abkehr von der Arbeitswelt gewinnt er andererseits eine neue magische Beziehung zur Natur. Die sonst nur zur Bedürfnisbefriedigung genutzte Flora schenkt ihm freiwillig ihre Früchte, die Tiere stellen sich mit erstaunlichen Künsten in seinen Dienst.

Dans la plaine les baladins
S'éloignent au long des jardins
Devant l'huis des auberges grises
Par les villages sans églises

Et les enfants s'en vont devant
Les autres suivent en rêvant
Chaque arbre fruitier se résigne
Quand de très loin il lui font signe

Ils ont des poids ronds ou carrés
Des tambours des cerceaux dorés
L'ours et le singe animaux sages
Quêtent des sous sur leur passage

Guillaume Apollinaire: „Saltimbanques". In: Georges Pompidou: *Anthologie de la Poésie française*, Paris 1961, Hachette, S. 508

André Breton (1896–1966)

Breton studiert Medizin und wird im Ersten Weltkrieg Soldat. Danach schließt er sich dem Kreis um Apollinaire an, auf den sich die neue Dichtung beruft. Zu ihren Ahnen zählt sie vor allem Rimbaud und Lautréamont und entdeckt bezeichnenderweise auch zwei Romantiker von neuem: Gérard de Nerval und William Blake. Mit dem *Manifest des Surrealismus* von **1924** ist Breton schließlich unumstrittener Chef der Gruppe. Als Louis Aragon und Paul Eluard für die neue Dichtung auch eine neue gesellschaftliche Wirklichkeit im Kommunismus suchen, verteidigt Breton energisch die unbedingte Unabhängigkeit der Kunst von jeder äußeren Kontrolle. Darum schaltet er sich auch 1952 noch einmal in die Diskussion ein, als von Albert Camus diese Polemik wieder aufgenommen wird, diesmal gegen das marxistische Engagement von Sartre.

André Breton: Monde

Der Titel des Gedichts „Monde" kann die Welt, die Erde, die Gesellschaft oder eine Abendgesellschaft bezeichnen. Der imaginativen Kraft des Dichters wird hier zugetraut, nicht nur die Gesellschaft, sondern die Wirklichkeit überhaupt aufzulösen und umzusetzen, wie es etwa in dem Film „Le Chien Andalou" von Luis Buñuel geschieht. Die Technik erinnert an die Bilder von Max Ernst, in denen Gegenstände und Wesen in ihre Teile zerlegt und neu kombiniert werden, oder an Dalís Bild mit den teigartig geschmolzenen Taschenuhren. Die Auflösung bei Breton hat vor allem zwei Aspekte: die Umsetzung von Materie in organische, meist pflanzliche Strukturen und die Verflüssigung der Gegenstände oder ihre magische Umwandlung in handelnde Wesen. Auch die Fortbewegungsart der vorkommenden Personen wird verfremdet dynamisiert. Der Eintritt der Serviererinnen verbleibt in einer andauernden Schaukelbewegung.

Dans le salon de madame des Ricochets
Les miroirs sont en grains de rosée pressés
La console est faite d'un bras dans du lierre
Et le tapis meurt comme les vagues
Dans le salon de madame des Ricochets
Le thé de lune est servi dans des œufs d'engoulevent
Les rideaux amorcent la fonte des neiges
Et le piano en perspective perdue sombre d'un seul
bloc dans la nacre
Dans le salon de madame des Ricochets
Des lampes basses en dessous de feuilles de tremble
Lutinent la cheminée en écailles de pangolin
Quand madame des Ricochets sonne
Les portes se fendent pour livrer passage aux servantes
en escarpolette

André Breton: „Monde". In: *Signe ascendant*, Paris 1968, © Editions Gallimard, S. 16

Louis Aragon (1897–1982)

Aragon ist aus dem Kreis der Surrealisten sicher als Erster berufen, ein Klassiker der Literatur zu bleiben, dazu würde bereits sein Romanwerk ausreichen. Er studiert Medizin, wird aber mit dreiundzwanzig Schriftsteller und Publizist. Seinen ganzen Lebenslauf beherrschen die Liebe zu seiner Frau Elsa und das politische Engagement gegen den Faschismus und die Besetzung Frankreichs im Zweiten Weltkrieg. Beides geht thematisch in seine Dichtung ein.

Louis Aragon: Marguerite Marie et Madeleine

Das Gedicht „Marguerite Marie et Madeleine" enthält zwei Elemente der tiefenpsychologischen Praxis, die Vergegenwärtigung einer frühkindlichen Erfahrung und das halbbewusste Sprechen des Wachtraums. Gegenstand ist die rasche Vergänglichkeit des Lebens, das im Bilde eines Reigentanzes erscheint, einmal im Ereignis des Festes auf der Offiziersschule von Saint-Cyr und weiter in der dreimal wechselnden Konstellation der Mädchennamen, die in der Art eines Rondeau am Anfang, am Schluss und zu Beginn der vierten Strophe wiederholt werden. Die Zeilenwiederholung strukturiert gleichzeitig das seelische Geschehen des Traumes. Der Sprecher befindet sich offensichtlich am Ende seines Lebens, wie die desillusionierte Schlussstrophe zeigt. In der ersten Strophe versetzt ihn die instinktive Wiederholung einer kindlichen Malerei auf der betauten Fensterscheibe in die unmittelbar heraufbeschworene Kindheitssituation. Die zweite Strophe evoziert die Märchenatmosphäre dieses Lebensabschnitts und den Zauber, der jedem Anfang innewohnt. Mit der Zeilenwiederholung zu Beginn der vierten Strophe beginnt das Verblassen der Illusion. Der Sprecher hat zu den Mädchen bereits die Distanz der Beschreibung und der Reflexion; entsprechend bedarf es in der fünften Strophe einer besonderen Konzentration der Vorstellungskraft, für die er die Augen bewusst schließen muss. In der Darstellung des Ballgeschehens, das als ein Fest der jugendlichen Liebes- und Lebenserwartung erscheint, zeigt der Sprecher eine personale Überlegenheit über die vorkommenden Personen, die nicht mehr aus der Mentalität des Kindes am Anfang stammen kann. Der Traum endet in der Ernüchterung des Morgengrauens.

Marguerite Marie et Madeleine
Il faut bien que les sœurs aillent par trois
Aux vitres j'écris quand il fait bien froid
Avec un doigt leur nom dans mon haleine

Pour le bal de Saint-Cyr elles ont mis
Trois des plus belles robes de Peau d'Ane
Celle couleur de la route océane
Celle de vent celle d'astronomie

Comment dormir à moins qu'elles ne viennent
Me faire voir leurs souliers de satin
Qui vont danser danser jusqu'au matin
Pas des patineurs et valses de Vienne

Marguerite Madeleine et Marie
La première est triste à quoi songe-t-elle
La seconde est belle avec ses dentelles
A tout ce qu'on dit la troisième rit

Je ferme les yeux je les accompagne
Que les Saint-Cyriens avec leurs gants blancs
Que les Saint-Cyriens se montrent galants
Ils offriront aux dames du champagne

Chacune est un peu pour eux Cendrillon
Tous ces fils de roi d'elles s'amourachent
Si jeunes qu'ils n'ont barbe ni moustache
Mais tout finira par un cotillon

La vie et le bal ont passé trop vite
La nuit n'a jamais la longueur qu'on veut
Et dans le matin défont leurs cheveux
Madeleine Marie et Marguerite

Louis Aragon: „Marguerite Marie et Madeleine".
In: *Le Roman inachevé*, Paris 1966, © Editions Gallimard, S. 35 f.

Jules Supervielle (1884–1960)

Supervielle hat durch seine Geburt in Montevideo die uruguayische Staatsbürgerschaft neben der französischen, seine geistige Heimat ist jedoch die französische Sprache und Literatur, in der er seit Mitte der zwanziger Jahre im surrealistischen Umkreis seinen Platz einnimmt. Finanzielle Unabhängigkeit von Jugend an erlaubt ihm eine reiche literarische Produktion für das Theater und den Roman wie für die Lyrik.

Jules Supervielle: La Demeure entourée

„La Demeure entourée" ist ein Gedicht über den Menschen und die Welt und seine Sonderstellung darin. Es imitiert vordergründig die Naivität der Märchen, in denen die Dinge reden oder Menschen unversehens durch einen Zauber die Worte der Tiere verstehen wie in der Fabel. In einem tieferen Sinn ist damit aber die Unschuld der Natur charakterisiert oder ihre Ohnmacht, die tiefe Kluft zu dem Bereich des Menschen zu überbrücken, der mit dem ihren ganz unvereinbar scheint, beim Gebirge durch seine Dimension, beim Wald durch sein vegetatives Leben und beim Fluss durch seine unbezähmbare Dynamik. Einzig der Stern scheint in der Lage, sein eigenes Wesen mit dem bewussten Leben des Menschen in Beziehung zu sehen, wenn er sagt, dass er aufhört zu existieren, wenn niemand an ihn denkt. Existieren kann hier nicht das bloße Dasein bedeuten, denn den Stern gibt es ja auch ohne das Denken des Menschen. Die Existenz des Sterns ist sein in das Bewusstsein des Menschen gehobenes Dasein und das bedeutet, dass die Dinge dieser Welt im Bewusst-

sein des Menschen zu ihrem Bewusstsein kommen, so wie ihnen durch den Dichter in diesem Gedicht auch ihre Sprache gegeben wird. Das Bewusstsein des Menschen ist das Bewusstsein der Welt: Das ist in der Philosophie seit Alters das Problem des Seins. Supervielles Gedicht hat also eine ontologische Thematik und die Wiederentdeckung des Seins wird zur gleichen Zeit in Heidelberg von Martin Heidegger im philosophischen Begriff unternommen.

Le corps de la montagne hésite à ma fenêtre:
«Comment peut-on entrer si l'on est la montagne,
Si l'on est en hauteur, avec roches, cailloux,
Un morceau de la Terre, altéré par le Ciel?»
Le feuillage des bois entoure ma maison:
«Les bois ont-ils leur mot à dire là-dedans?
Notre monde branchu, notre monde feuillu
Que peut-il dans la chambre où siège ce lit blanc,
Près de ce chandelier qui brûle par le haut,
Et devant cette fleur qui trempe dans un verre?
Que peut-il pour cet homme et son bras replié,
Cette main écrivant entre ces quatre murs?
Prenons avis de nos racines délicates,
Il ne nous a pas vus, il cherche au fond de lui
Des arbres différents qui comprennent sa langue.»
Et la rivière dit: «Je ne veux rien savoir,
Je coule pour moi seule et j'ignore les hommes.
Je ne suis jamais là où l'on croit me trouver
Et vais me devançant, crainte de m'attarder.
Tant pis pour ces gens-là qui s'en vont sur leurs jambes.
Ils partent et toujours reviennent sur leurs pas.»
Mais l'étoile se dit: «Je tremble au bout d'un fil.
Si nul ne pense à moi je cesse d'exister.»

Jules Supervielle: „La demeure entourée". In: *Le forçat innocent*, Paris 1969, © Editions Gallimard, S. 182

Jean Giraudoux (1882–1944)

Giraudoux ist der große Erneuerer des französischen Theaters und ein **Initiator des modernen Theaters überhaupt**. Zu einem Zeitpunkt, als die Tragödie in der klassizistischen Aufführungsroutine erstarrte und die Komödie zum Boulevardstück verkommen war, gab er der Bühne eine neue Sprache und eine neue Form. Im klassischen Kostüm Racines sprechen seine Personen den saloppen Jargon des Pariser Intellektuellen und ebenso wie die Sprache reformiert er auch die Dramaturgie mit einer Art Burleske auf tragischem Grund.

Den entscheidenden Schritt tut er jedoch nicht im Formalen, sondern in der Substanz. Durch **Reaktualisierung der antiken Mythen** gewinnt er Exempelfiguren und Verständnismodelle für die gegenwärtige psychologische und geschichtsmetaphysische Problematik. Er steht damit in der Nähe der Typensammlung von Sigmund Freud. Die **Tiefenpsychologie** ist für viele bis heute eine universale Auslegung der Welt geblieben, keiner hat sie jedoch konsequenter und großartiger in dramatische Struktur umgesetzt.

In der tragischen Vorahnung des Zweiten Weltkriegs untersucht Giraudoux die **Beziehung von Sexualität und Aggressivität als mögliche Ursache des Krieges**. Die wirtschaftlichen und weltpolitischen Gründe kommen in seinem Stück über den Trojanischen Krieg nur am Rande vor. Es gelingt ihm jedoch eine glänzende Analyse des Faschismus als Ersatzreligion des europäischen Bürgertums, das nur zu bald in den nächsten Krieg ziehen wird.

Mit André Gide und Romain Rolland gehört Giraudoux zu den tragischen Freunden Deutschlands, die durch die Kriege immer wieder zwischen die nationalen Fronten geworfen werden. Als Diplomat reist er 1917 mit Joffre und Bergson nach Amerika, um die Vereinigten Staaten zum Kriegseintritt gegen Deutschland zu bewegen. Nach dem Krieg zieht er als Gesinnungsgenosse Stresemanns und Briands in das Außenministerium ein. Noch sein letztes Stück vor dem Zweiten Weltkrieg ist der deutschen Dichtung verpflichtet: *Ondine* (1939). Auch in diesem Krieg stellt er sich in den Dienst seines Landes, ohne aber die Befreiung vom Faschismus noch zu erleben.

Jean Giraudoux: La guerre de Troie n'aura pas lieu

La guerre de Troie n'aura pas lieu *ist der Titel eines Stücks und zugleich sein erster Satz im Text. Er bleibt eine vergebliche Hoffnung Andromaches, der Frau des Hektor. Dieser kommt aus siegreichem Feldzug nach Troja zurück und findet einen neuen Konflikt in Vorbereitung. Sein jüngerer Bruder Paris hat in ganz unverantwortlicher Weise die griechische Königin Helena entführt, für die Griechen ein willkommener Anlass zum Krieg. Hektor gelingt es, die Kriegspartei im eigenen Land mit Hilfe der trojanischen Frauen auszuschalten, und auch Helena verspricht ihm, nach Griechenland zurückzukehren. Damit ist der Anlass zum Krieg aus der Welt, nicht jedoch die eigentliche Kriegsbereitschaft. Auch Odysseus, der Anführer der Griechen, ist indessen friedenswillig und erklärt sich bereit, mit Helena zurückzugehen.*

Im letzten Augenblick taucht Ajax auf, bei Giraudoux ein betrunkener Kraftprotz, und nähert sich Andromache in grober Kriegermanier. Hektor ist dabei und beherrscht sich um des Friedens willen. Als darauf Demokos, der Chefideologe der Kriegspartei kommt, um die Trojaner zu den Waffen zu rufen, trifft Hektor ihn mit dem Speer, den er für Ajax schon erhoben hatte. Der sterbende Demokos lügt, um die Katastrophe dennoch auszulösen. Er bezeichnet Ajax als seinen Mörder, die Menge massakriert den Griechen und der Krieg bricht aus, wie sehr sich Hektor auch angestrengt hatte.

Damit beginnt der Krieg trotz aller Bemühungen Hektors durch einen Moment der Unbeherrschtheit bei ihm selbst. Außer dieser Tragik liegt in dieser Auslösung aber auch eine subtile erotische Motivation. Die Sexualität als tiefere Ursache der Aggressivität wird noch deutlicher bei den Repräsentanten der Kriegspartei. Für die Alten und die Ideologen, die ja selbst nicht mehr in den Krieg um Helena ziehen müssen, ist er eine Art Ersatzbefriedigung.

Noch kompakter zeigt sich die sexuelle Kraftmeierei beim einfachen Volk. Es durchkreuzt die Friedenspläne Hektors, als Odysseus die Trojaner der Impotenz bezichtigt, und zeigt eine gefährliche Anfälligkeit für Provokation. Exhibitionismus und primitiver Kollektivinstinkt erweisen sich als Faktoren von eigener Dynamik, die nicht in die politische Verfügung eingehen. Hektor entgleitet die Kontrolle seiner Landsleute ganz und es entwickelt sich die burlesk unheimliche Selbstdarstellung eines bornierten Geltungsbedürfnisses, das das eigene Verderben lustvoll herausfordert.

Sexualität als Völkerschicksal – diesen Gedanken dürfte Giraudoux außer bei Freud auch schon bei Homer entdeckt haben. Die Göttin Venus ist ja die treibende Schicksalskraft im Trojanischen Krieg, seit Paris ihr den goldenen Apfel der Schönheit vor den anderen Göttinnen zuerkannte. Auch die andere Schicksalsmacht, die Aggressivität, hatte der Mythos schon in Gestalt der Göttin Eris personifiziert. Giraudoux symbolisiert die Unausweichlichkeit dadurch, dass am Schluss des Stücks eine neue Generation der Trojaner in Gestalt des Troilus der Helena ebenso verfallen ist wie der ältere Bruder Paris. Der Sieg der Vernunft und der Kriegsgegner im ersten Akt war also nur provisorisch und von diesem pessimistischen Schluss her muss das Streitgespräch zwischen Andromache und ihrem Vater über Wert und Unwert des Kampfes recht theoretisch erscheinen. Giraudoux zeigt auch hier wieder seine Vertrautheit mit deutschen Autoren wie Ernst Jünger oder Friedrich Schiller, doch ist seine ganze Sympathie auf Seiten Andromaches und ihrer Gefährtinnen.

Chapitre I, 6

1 PRIAM: Chères filles, votre révolte même prouve que nous avons raison. Est-il une plus grande générosité que celle qui vous pousse à vous battre en ce moment pour la paix, la paix qui vous donnera des maris veules, inoccupés, fuyants, quand la guerre vous fera d'eux des hommes!

…

DEMOKOS: Des héros.

HÉCUBE: Nous connaissons le vocabulaire. L'homme en temps de guerre s'appelle le héros. Il peut ne pas en être plus brave, et fuir à toutes jambes. Mais c'est du moins un héros qui détale.

ANDROMAQUE: Mon père, je vous en supplie. Si vous avez cette amitié pour les femmes, écoutez ce que toutes les femmes du monde vous disent par ma voix. Laissez-nous nos maris comme ils sont. Pour qu'ils gardent leur agileté et leur courage, les dieux ont créé autour d'eux tant d'entraîneurs vivants ou non vivants! Quand ce ne serait que l'orage! Quand ce ne serait que les bêtes! Aussi longtemps qu'il y aura des loups, des éléphants, des onces, l'homme aura mieux que l'homme comme émule et comme adversaire. Tous ces grands oiseaux qui volent autour de nous, ces lièvres dont nous les femmes confondons le poil avec les bruyères, sont de plus sûr garants de la vue perçante de nos maris que l'autre cible, que le cœur de l'ennemi emprisonné dans sa cuirasse. Chaque fois que j'ai vu tuer un cerf ou un aigle, je l'ai remercié. Je savais qu'il mourait pour Hector. Pourquoi voulez-vous que je doive Hector à la mort d'autres hommes?

PRIAM: Je ne le veux pas, ma petite chérie. Mais savez-vous pourquoi vous êtes là, toutes si belles et si vaillantes? C'est parce que vos maris et vos pères et vos aïeux furent des guerriers. S'ils avaient été paresseux aux armes, s'ils n'avaient pas su que cette occupation terne et stupide qu'est la vie se justifie soudain et s'illumine par le mépris que les hommes ont d'elle, c'est vous qui seriez lâches et réclameriez la guerre. Il n'y a pas deux façons de se rendre immortel ici-bas, c'est d'oublier qu'on est mortel!

ANDROMAQUE: Oh! justement, père, vous le savez bien! Ce sont les braves qui meurent à la guerre. Pour ne pas y être tué, il faut un grand hasard ou une grande habileté. Il faut avoir courbé la tête ou s'être agenouillé au moins une fois devant le danger. Les soldats qui défilent sous les arcs de triomphe sont ceux qui ont déserté la mort. Comment un pays pourrait-il gagner dans son honneur et dans sa force en les perdant tous les deux?

PRIAM: Ma fille, la première lâcheté est la première ride d'un peuple.

ANDROMAQUE: Où est la pire lâcheté? Paraître lâche vis-à-vis des autres, et assurer la paix? Ou être lâche vis-à-vis de soi-même et provoquer la guerre?

DEMOKOS: La lâcheté est de ne pas préférer à toute mort la mort pour son pays.

HÉCUBE: J'attendais la poésie à ce tournant. Elle n'en manque pas une.

ANDROMAQUE: On meurt toujours pour son pays! Quand on a vécu en lui digne, actif, sage, c'est pour lui aussi qu'on meurt. Les tués ne sont pas tranquilles sous la terre, Priam. Ils ne se fondent pas en elle pour le repos et l'aménagement éternel. Ils ne deviennent pas sa glèbe, sa chair. Quand on retrouve dans le sol une ossature humaine, il y a toujours une épée près d'elle. C'est un os de la terre, un os stérile. C'est un guerrier.

HÉCUBE: Ou alors que les vieillards soient les seuls guerriers. Tout pays est le pays de la jeunesse. Il meurt quand la jeunesse meurt.

Jean Giraudoux: *La guerre de Troie n'aura pas lieu*, Paris 1975, Grasset, S. 52–54

Jean-Paul Sartre (1905–1980)

Sartre ist ein konsequenter **Nihilist**, insofern er keine Norm anerkennt, die dem menschlichen Handeln vorgegeben wäre. Er setzt damit das **Individuum** in die **totale Freiheit seiner Entscheidung**. Für die Beurteilung einer Handlung zählt allein die Intention, die ihre Ausführung geleitet hat. Dafür hat er ein Beispiel aus der Geschichte. Als die amerikanischen Truppen auf Seiten Frankreichs in den Ersten Weltkrieg eingriffen, sollen sie an der Front mit dem Kampfruf erschienen sein: „La Fayette here we are!" Damit hätten sie ausdrücken wollen, dass Amerika Frankreich seinen Dank abstatte für die Unterstützung des französischen Generals im Unabhängigkeitskrieg gegen England. Dies sei aber eine Interpretation. Wenn bei anderer weltwirtschaftlicher Lage die Amerikaner für Deutschland in den Krieg eingegriffen hätten, hätten sie genauso gut rufen können: „Steuben, wir kommen!"

Jean-Paul Sartre: Les mains sales

In Sartres Stück Les mains sales *hat der Held die einmalige Chance, einer Handlung zwei Interpretationen zu geben und damit die erste Entscheidung im Nachhinein zu korrigieren, freilich um den Preis seines Lebens. Hugo Barin ist ein junger heimatloser Intellektueller, der die eigene bürgerliche Herkunft aus sozialistischer Überzeugung hinter sich gelassen hat, um in die kommunistische Partei einzutreten. Er stößt jedoch hier auf das Misstrauen, ja die Geringschätzung, die die revolutionären Aktivisten als Arbeitersöhne einem bürgerlichen Intellektuellen entgegenbringen. Die erhoffte neue Heimat findet er in der Partei nicht und sehnt sich danach, durch eine direkte Aktion bei den Genossen anerkannt zu werden und Fuß zu fassen. Er bekommt vom Chef des stalinistischen Flügels der Partei den Auftrag, einen anderen Parteigenossen zu liquidieren. Dieser, mit Namen Höderer, wird beschuldigt, mit den bürgerlichen und nationalistischen Kräften im Land zu paktieren und so die Ideale der Partei zu verraten. In Wirklichkeit betreibt er aber nur Realpolitik, um der Minderheitspartei nach dem Abzug der roten Armee eine Chance zu erhalten. Hugo Barin ist für unbedingte Sauberkeit der revolutionären Linie und übernimmt den Auftrag in voller Überzeugung. Er wird Sekretär bei Höderer und lernt ihn im Laufe von kurzer Zeit kennen und persönlich schätzen. Zum politischen Mord kommt es schließlich nur im Affekt und durch Zufall, weil Hugo glaubt, Höderer habe ihm nur Sympathie gezeigt, um sich an seine Frau heranzumachen. Als man Hugo aus dem Gefängnis entlässt, hat die Partei ihre Linie geändert und kann den Mord an Höderer nicht mehr zugeben, weil sie jetzt genau dessen Politik selbst verfolgt. Hugo soll seine Tat zum Eifersuchtsdrama erklären und im Übrigen totschweigen. Wenn er nach wie vor zu seiner Tat aus Überzeugung stände, befände er sich im Widerspruch zur neuen Linie der Partei und müsste seinerseits liquidiert werden. An diesem Punkt spielt Hugo nicht mit. Er ist nach wie vor für die Reinheit der revolutionären Prinzipien und gegen die Täuschung der Parteigenossen durch die Führung. Er nötigt die Partei, ihn ebenfalls zu liquidieren, damit manifest wird, dass der Mord an Höderer ein politischer*

Mord war, dessen Zeuge in seiner Person beseitigt wurde. Gleichzeitig kann dann die Partei nicht mehr vertuschen, dass sie ihre Linie geändert hat.

Hugos Tod ist ein Protest gegen die stalinistische Menschenverachtung, die einen verdienten Parteigenossen von persönlichem Format in den Mülleimer der Geschichte wirft, wenn er für die Partei nicht mehr nützlich ist. Er hat von Höderer gelernt, dass die Prinzipientreue an den Menschen selbst ihre Grenzen hat und will ihm vor der Nachwelt den Tod geben, den er verdient, nämlich wegen seiner politischen Überzeugung gestorben zu sein und nicht wegen einer Eifersuchtsgeschichte. Der Titel des Stücks ist die Formel für die tragische Einsicht Höderers, dass Reinheit der Prinzipien im politischen Handeln nicht durchgehalten werden kann, weil das Leben eines Menschen kostbarer ist als jede ideologische Abstraktion.

Chapitre V, 3

HOEDERER: Tu n'en fais pas une affaire de principes? Bon. Alors voici qui doit te convaincre: si nous traitons avec le Régent, il arrête la guerre; les troupes illyriennes attendent gentiment que les Russes viennent les désarmer; si nous rompons les pourparlers, il sait qu'il est perdu et il se battra comme un chien enragé; des centaines de milliers d'hommes y laisseront leur peau. Qu'en dis-tu? *(Un silence.)* Hein? Qu'en dis-tu? Peux-tu rayer cent mille hommes d'un trait de plume?

HUGO *(péniblement)*: On ne fait pas la révolution avec des fleurs. S'ils doivent y rester …

HOEDERER: Eh bien?

HUGO: Eh bien, tant pis!

HOEDERER: Tu vois! tu vois bien! Tu n'aimes pas les hommes, Hugo. Tu n'aimes que les principes.

HOEDERER: Les hommes! Pourquoi les aimerais-je? Est-ce qu'ils m'aiment?

HOEDERER: Alors pourquoi es-tu venu chez nous? Si on n'aime pas les hommes on ne peut pas lutter pour eux.

HUGO: Je suis entré au Parti parce que sa cause est juste et j'en sortirai quand elle cessera de l'être. Quant aux hommes, ce n'est pas ce qu'ils sont qui m'intéresse mais ce qu'ils pourront devenir.

HOEDERER: Et moi, je les aime pour ce qu'ils sont. Avec toutes leurs saloperies et tous leurs vices. J'aime leurs voix et leurs mains chaudes qui prennent et leur peau, la plus nue de toutes les peaux, et leur regard inquiet et la lutte désespérée qu'ils mènent chacun à son tour contre la mort et contre l'angoisse. Pour moi, ça compte un homme de plus ou de moins dans le monde. C'est précieux. Toi, je te connais bien, mon petit, tu es un destructeur. Les hommes, tu les détestes parce que tu te détestes toi-même; ta pureté ressemble à la mort et la Révolution dont tu rêves n'est pas la nôtre: tu ne veux pas changer le monde, tu veux le faire sauter.

HUGO *(s'est levé)*: Hoederer!

HOEDERER: Ce n'est pas ta faute: vous êtes tous pareils. Un intellectuel, ça n'est pas un vrai révolutionnaire; c'est tout juste bon à faire un assassin.

HUGO: Un assassin. Oui!

Jean-Paul Sartre: *Les mains sales*, Paris 1975,

Jean Anouilh (1910–1987)

Anouilh ist durch und durch und von der Pike auf ein **Mann des Theaters**. Er hatte mit Giraudoux den größten Dramatiker der Nachkriegszeit und mit

Louis Jouvet den genialsten Schauspieler und Regisseur zu Lehrern. Durch Pirandello und Shaw öffneten sich ihm auch neue Perspektiven in der Dramaturgie. Was er vor allem seinen Zeitgenossen zeigte, war, dass man Theater zunächst nicht mit Ideen macht, sondern mit Dialogen, die glaubwürdige Menschen auf die Bühne stellen. Von 1932 bis 1976 haben seine Stücke immer wieder ihre Bühnenwirksamkeit bewiesen. Es waren vor allem: *Le Voyageur sans Bagage* (1937), *Antigone* (1944), *L'Alouette* (1953), *Pauvre Bitos* (1956), *Beckett ou l'Honneur de Dieu* (1959) und *Les Poissons rouges* (1970).

Jean Anouilh: Les poissons rouges

Die Goldfische im Titel des gleichnamigen Stücks symbolisieren nichts weniger als die menschliche Freiheit. Der Held der Geschichte kann als kleiner Junge seinen Protest gegen die autoritäre Erziehung der Großmutter nur dadurch ausdrücken, dass er in deren Aquarium uriniert. Seine Selbstbefreiung beginnt dann während der Schulzeit in der Auseinandersetzung mit dem Klassenkameraden La Surette.

Der erwachsene Antoine de Saint-Flour ist eine autobiografische Modellfigur des Schriftstellers selbst. Er wird auf der Strecke seines Lebens, das bei Anouilh fast die Länge des 20. Jahrhunderts erreichte, in dieser defensiven Protesthaltung vorgeführt. Er ist nicht der Typ des Revolutionärs und hat die bürgerliche Gesellschaft als seinen Lebensraum akzeptiert, wo aber seine persönliche Freiheit im Spiele ist, folgt er konsequent der eigenen inneren Stimme. Nach der Großmutter übernehmen seine Frau und seine Schwiegermutter die gleiche Rolle wie jene und versuchen, ihm ein schlechtes Gewissen zu oktroyieren, weil er seine familiären Pflichten vernachlässigt. Seine Geliebte steht paradoxerweise auf derselben Seite wie ihre integrierten bürgerlichen Konkurrentinnen und übt mit ihren Selbstmordversuchen die kompakteste psychische Pression auf ihn aus. Antoine wäre auch gegenüber ihrer Erpressung standhaft, wenn es zwischen ihnen nicht den Augenblick der Wahrheit gäbe, wie er sich in verschiedenen Stücken Anouilhs findet. Edwiga Pataquès lässt dabei ihre soziale Rolle hinter sich und zeigt sich ihr als Person überlegen. Auch in dem Dialog Antoines mit seiner Tochter an deren Hochzeitstag wird offenbar, dass beide im Grunde Opfer der gesellschaftlichen Verhältnisse sind. Ganz entscheidend ist aber, dass sie ihre Schwäche in intellektueller Redlichkeit akzeptieren und nicht ideologisch zur Stärke umschmieden. Das ist der Fall bei Antoines anderem gesellschaftlichen Gegenpart, der durch den buckligen Mediziner dargestellt wird. Er gehört zur Weltgesellschaft der physisch oder sozial Zukurzgekommenen, die aus ihrer Frustration eine hasserfüllte Ideologie gegen alle gerade Gewachsenen entwickelt haben und auch Franz von Assisi noch seine wohlhabenden Eltern zum Vorwurf machen würden. Die Traditionslinie dieser humorlosen Weltverbesserer führt Anouilh auf Robespierre und die Jakobiner zurück. Sie erscheint dann historisch wieder im populären Kommunismus der zwanziger Jahre bei Antoines Klassenkameraden La Surette. Auch in den Säuberungsaktionen der Résistance taucht der Bucklige wieder als Racheengel gespenstisch gegen die Kollaborateure der Vichy-Regierung auf. Seine vorläufig letzte Inkarnation findet er bei Anouilh unter den Bilderstürmern der maoistischen Kulturrevolution von 1968. Gemeinsam ist ihnen allen ein tiefes Misstrauen gegen die Kunst als einen geistigen Luxus, der ihnen unzugänglich ist, und ein Element der Freiheit, das sich ihrer Verfügung entzieht und darum überhaupt aus der Welt ausgeschieden oder in den Dienst der allgemeinen Wohlfahrt, sprich Sozialismus, gestellt werden muss.

Chapitre I, 3

... Antoine, toujours dans le même costume, est à bicyclette sur une route que semblent indiquer les paravents; près de lui pédale un garçon de son âge, l'air tordu. Ils ont des casquettes de collégiens tous deux, et des cols Danton.

LA SURETTE *(pédalant):* Je te l'ai tout de même passé, oui ou non, mon devoir de maths?

ANTOINE *(pédalant aussi):* Tu me l'as passé.

LA SURETTE: Alors, tu pourrais peut-être me les prêter, ces cent francs?

ANTOINE: Je ne les ai pas.

LA SURETTE: C'est trop facile! Le papa de Monsieur est plein d'oseille, mais lui, il n'a jamais d'argent de poche!

ANTOINE: Tu as pu le constater. Je suis élevé selon les bons principes.

LA SURETTE *(haineux):* Antoine de Saint-Flour, de la Fabrique Saint-Flour. Moi je suis un fils du peuple, un boursier. Monsieur l'oublie peut-être, quelquefois?

ANTOINE: En tout cas, tu te charges de me le rappeler! Mais le fait que je sois obligé de partager mes semaines avec toi, n'empêche pas papa de rester à cheval sur ses principes. Et c'est un cavalier indémontable! Il s'est juré de me préserver de l'influence néfaste de l'argent.

LA SURETTE *(pédalant):* Hypocrite! Salopard! Tous les mêmes! Tu ne vaux pas mieux que lui. J'ai une déformation de la colonne vertébrale. Je suis un infirme! Et tu me traînes derrière toi, en vélo.

ANTOINE *(pédalant):* Il ne fallait pas venir.

LA SURETTE: Monsieur voulait visiter les châteaux de la Loire, pendant ces trois jours de vacances... Passéiste, en plus! Et c'était ma seule chance de te coincer pour avoir mes cent francs.

ANTOINE: Si c'est pour cela que tu es venu, tu pédales pour rien. Arrivé à Blois, retourne en train.

LA SURETTE *(pédalant, douloureux):* Je n'en ai pas les moyens, même en troisième! Le pauvre il n'a que son mollet.

ANTOINE *(pédalant, allègre):* Alors, pédale!

LA SURETTE: Tu es abject! Tu te prépares déjà pour prendre la suite de papa. Pressurer le peuple, ça s'apprend tout petit.

ANTOINE *(simplement, soudain):* Il n'y aura pas de suite de papa. Il est cardiaque et il a déjà eu deux attaques. Et maman vendra aussitôt la fabrique pour filer en Italie avec son bel amant. Son ambition, à elle, c'est la Riviera et le coït distingué.

LA SURETTE *(pédalant, morne):* La pourriture bourgeoise n'intéresse pas le peuple. Et l'infarctus du myocarde, c'est encore une maladie de patron. Papa, lui, il les crache réglo, ses poumons, depuis trente ans, à la mine – et maman, avec ses onze couches, c'est de la vraie pourriture sur pied. Ça c'est des parents de pauvre! Des parents présentables! La cuisse maternelle légère et l'infarctus: c'est des malheurs familiaux de gosse de riche ... Alors, pour m'attendrir sur tes vieux, tu repasseras! Tu ferais mieux de me les sortir, tes cent francs.

ANTOINE: Je ne cherche à t'attendrir ni sur moi ni sur mes vieux, et les cent francs, je ne les ai pas.

LA SURETTE *(de mauvaise foi)*: Alors, si tu n'as même pas cent balles, purotin, pourquoi tu vas les visiter, les châteaux de la Loire, en faisant pédaler un pauvre prolo derrière toi?

ANTOINE: Pour me cultiver.

LA SURETTE: Salaud! Ça se cultive avec le sang du peuple! Et ma coxalgie, qu'est-ce que tu en fais?

ANTOINE: Tu n'avais qu'à ne pas venir. Personne ne t'y a obligé.

LA SURETTE: Double salaud! Le peuple, alors, il n'a pas le droit de se cultiver, lui aussi?

ANTOINE *(pédalant)*: Comme les autres. Et c'est pour cela que je l'ai emmené. Mais alors qu'il pédale, et qu'il n'emmerde pas les élites!

LA SURETTE *(épuisé)*: Et ça monte en plus! Rien que des côtes. Tu l'as fait exprès pour m'humilier.

ANTOINE *(qui peine aussi)*: Figure-toi que pour moi, ça monte aussi!

LA SURETTE: Oui, mais toi, tu es mieux nourri! Choyé depuis l'enfance. Phosphatine Fallières et lait Nestlé, ordure! Moi, j'étais un enfant sous-alimenté. La peau sur les os. Je faisais peine à voir! Il n'y a pas de justice.

ANTOINE: Non. On commence à s'en douter.

LA SURETTE: Et tu verras, en plus, que je le raterai, mon bachot! Pour les fils du peuple ils sont deux fois plus vaches. Il y a un barrage ... Ça les agace les boursiers, il faut les faire payer en nature. Ils ont des listes secrètes. Ils ne te posent que les questions que tu n'as pas eu le temps de préparer. Tu vas me faire pédaler longtemps, exploiteur?

ANTOINE: Jusqu'à l'étape. On l'a prévue ensemble.

LA SURETTE: Un fils de prolo tuberculeux, avec une coxalgie! Tout ça pour cent francs! Tu n'as pas honte?

Antoine: Non.

LA SURETTE *(soudain minable)*: Je n'en peux plus, mon vieux! Je t'assure que je n'en peux plus! Je vais chialer ...

ANTOINE *(freinant)*: C'est bon. Je veux m'éviter ce triste spectacle. Arrêtons-nous et reposons-nous dix minutes au pied de cet arbre.

Entre un arbre. Il mettent pied à terre et vont s'étendre, sous son ombre. La Surette, affalé, épuisé, marmonne.

LA SURETTE: Ne va pas croire surtout que je t'en suis reconnaissant. Tu t'es arrêté par calcul. C'est un réflexe de classe. Tu m'exploites mais quand tu sens que je suis sur le point de crever, tu me ménages pour que je puisse encore te servir. Les bourgeois aussi veillent à faire dormir leur bonne, tout de suite après la vaisselle du soir, pour qu'elle puisse frotter vigoureusement dès l'aube ... Ah, le système est bien au point!

Jean Anouilh: *Les poissons rouges*, Paris 1994, La Table Ronde, S. 14–19

Marcel Proust (1871–1922)

1899 erlebte der junge Proust die schwere Erschütterung der bürgerlichen Welt durch die **Dreyfus-Affäre**. Er hat dann in einem monumentalen Panorama das Paris der Jahrhundertwende und seine Gesellschaft vor ihrem Versinken dem Rachen der Zeit gewissermaßen entrissen. Wenn er hundert Jahre nach Balzac die menschliche Komödie noch einmal aufführt, dann interessiert ihn daran aber ausschließlich die **Innenseite dieser Welt**, ihre Erscheinungen nur, insofern sie Reflexe seelischer Bewegungen sind. Seine *Suche nach der verlorenen Zeit* wird dadurch zu einer faszinierenden Beispielsammlung für die **deskriptive Psychologie**. Nicht die verlorene Zeit ist es, die wiedereingeholt und rekonstruiert werden soll, sondern die in der Zeit erfahrenen Befindlichkeiten und Innenzustände.

Marcel Proust: Un amour de Swann

Die Liebesgeschichte von Swann entfaltet eine in der Literatur unübertroffene Analyse der Eifersucht. Auch die Darstellung der bürgerlichen Gesellschaft am Beispiel der Familie Verdurin hat ihr eigentliches Interesse in der Beobachtung der Mentalität des Emporkömmlings. Die Neureichen verdrängen das Gefühl ihrer Unterlegenheit gegenüber dem etablierten Adel und Hochadel der Hauptstadt. Sie konstruieren aus Frustration eine Ideologie, die es ihnen erlaubt, auf die insgeheim beneideten sozial Überlegenen hinabzublicken.

Auch Swann verinnerlicht bis zu einem gewissen Punkt die Ideologie des Hauses Verdurin. Erst gegen Ende der Geschichte, in dem Maße, wie seine Liebe stirbt, gewinnt er wieder Zugang zur Aristokratie und dem intellektuellen Milieu seiner Herkunft. Die Abendgesellschaft, die er besucht, soll ihn jedoch böse enttäuschen. Auf höherer Ebene findet er hier dieselbe Borniertheit und dasselbe profunde Unverständnis für wahre Kunst wie bei den Großbürgerlichen. Er fühlt sich auch hier fremd und abgestoßen. Nur die Begegnung mit Oriane des Laumes kann ihn in diesem Salon für einen Augenblick festhalten und das, weil die Prinzessin als Einzige für seine innere Situation des Liebeskummers Verständnis zu zeigen scheint. Die innere Welt der Empfindungen ist hier in schmerzlichster Schärfe der Außenwelt des gesellschaftlichen Scheins gegenübergestellt. Die Klaviersonate, die in diesem Augenblick erklingt, erscheint Swann wie die einzige Vertraute in der völligen Verlassenheit. Die Kunst gehört wie die Liebe zur inneren seelischen Wirklichkeit und ist wie sie der öden gesellschaftlichen Realität überlegen. Daher wird die Theorie der Kunst von Proust parallel mit der Theorie der Liebe entwickelt.

Arthur Schopenhauer hat in „Die Welt als Wille und Vorstellung" aus der indischen Philosophie eine Erlösungstherapie entwickelt und damit zugleich die romantische Theorie der Kunst zusammengefasst. Die Kunst, und zumal die Musik, entbindet den Menschen für den Augenblick des Kunstgenusses aus der Verflechtung in die Kette der Kausalitäten dieser Welt und setzt ihn frei in ein momentanes Nirwana der psychischen Zeit. Überwindung der Zeit durch Aufhebung der Zeit war Prousts großes und fast ausschließliches Programm.

Das gab es auch schon in der Romantik, aber wenn dort in der Zeitlosigkeit die Gegenwart vergessen werden sollte, hat das Unternehmen bei Proust den Charakter des verzweifelten Festhaltens am unwiederbringlichen Leben. Swanns Liebe zu Odette beruht auf einer komplizierten Selbsttäuschung und ist insofern ein Kunstgebilde. Auch die Eifersucht wird zunächst nicht durch die Realität bestätigt. Sie entsteht als Vorahnung der künftigen Untreue der Geliebten aus dem Unbewussten.

Elle le pria d'éteindre la lumière avant de s'en aller, il referma lui-même les rideaux du lit et partit. Mais, quand il fut rentré chez lui, l'idée lui vint brusquement que peut-être Odette attendait quelqu'un ce soir, qu'elle avait seulement simulé la fatigue et qu'elle ne lui avait demandé d'éteindre que pour qu'il crût qu'elle allait s'endormir, qu'aussitôt qu'il avait été parti, elle l'avait rallumée, et fait rentrer celui qui devait passer la nuit auprès d'elle. Il regarda l'heure. Il y avait à peu près une heure et demie qu'il l'avait quittée, il ressortit, prit un fiacre et se fit arrêter tout près de chez elle, dans une petite rue perpendiculaire à celle sur laquelle donnait derrière son hôtel et où il allait quelquefois frapper à la fenêtre de sa chambre à coucher pour qu'elle vînt ouvrir; il descendit de voiture, tout était désert et noir dans ce quartier, il n'eut que quelques pas à faire à pied et déboucha presque devant chez elle. Parmi l'obscurité de toutes les fenêtres éteintes depuis longtemps dans la rue, il en vit une seule d'où débordait – entre les volets qui en pressaient la pulpe mystérieuse et dorée – la lumière qui remplissait la chambre et qui, tant d'autres soirs, du plus loin qu'il l'apercevait, en arrivant dans la rue, le réjouissait et lui annonçait: «Elle est là qui t'attend» et qui maintenant, le torturait en lui disant: «Elle est là avec celui qu'elle attendait.» Il voulait savoir qui; il se glissa le long dumur jusqu'à la fenêtre, mais entre les lames obliques des volets il ne pouvait rien voir; il entendait seulement dans le silence de la nuit le murmure d'une conversation. Certes, il souffrait de voir cette lumière dans l'atmosphère d'or de laquelle se mouvait derrière le châssis le couple invisible et détesté, d'entendre ce murmure qui révélait la présence de celui qui était venu après son départ, la fausseté d'Odette, le bonheur qu'elle était en train de goûter avec lui. Et pourtant il était content d'être venu: le tourment qui l'avait forcé de sortir de chez lui avait perdu de son acuité en perdant de son vague, maintenant que l'autre vie d'Odette, dont il avait eu, à ce moment-là, le brusque et impuissant soupçon, il la tenait là, éclairée en plein par la lampe, prisonnière sans le savoir dans cette chambre où, quand il le voudrait, il entrerait la surprendre et la capturer; ou plutôt il allait frapper aux volets comme il faisait souvent quand il venait très tard; ainsi du moins, Odette apprendrait qu'il avait su, qu'il avait vu la lumière et entendu la causerie et lui, qui tout à l'heure, se la représentait comme se riant avec l'autre de ses illusions, maintenant, c'était eux qu'il voyait, confiants dans leur erreur, trompés en somme par lui qu'ils croyaient bien loin d'ici et qui, lui, savait déjà qu'il allait frapper aux volets. Et peut-être, ce qu'il ressentait en ce moment de presque agréable, c'était autre chose aussi que l'apaisement d'un doute et d'une douleur: un plaisir de l'intelligence. [...]

Sur le point de frapper les volets, il eut un moment de honte en pensant qu'Odette allait savoir qu'il avait eu des soupçons, qu'il était revenu, qu'il s'était posté dans la rue. Elle lui avait dit souvent l'horreur qu'elle avait des jaloux, des amants qui espionnent. Ce qu'il allait faire était bien maladroit, et elle allait le détester désormais, tandis qu'en ce moment encore, tant qu'il n'avait pas frappé, peut-être, même en le trompant, l'aimait-elle. Que de bonheurs possibles dont on sacrifie ainsi la réalisation à l'impatience d'un plaisir immédiat! Mais le désir de connaître la vérité était plus fort et lui sembla plus noble. Il savait que la réalité de circonstances, qu'il eût donné sa vie pour restituer exactement, était lisible derrière cette fenêtre striée de lumière comme sous la couverture enluminée d'or d'un de ces manuscrits précieux à la richesse artistique elle-même desquels le savant qui les consulte ne peut rester indifférent. Il éprouvait une volupté à connaître la vérité qui le passionnait dans cet exemplaire unique, éphémère et précieux, d'une matière translucide, si chaude et si belle. Et puis l'avantage qu'il se sentait – qu'il avait tant besoin de se sentir – sur eux, était peut-être moins de savoir, que de pouvoir leur montrer qu'il savait. Il se haussa sur la pointe des pieds. Il frappa. On n'avait pas entendu, il refrappa, plus fort, la conversation s'arrêta. Une voix d'homme dont il chercha à distinguer auquel de ceux des amis d'Odette qu'il connaissait elle pouvait appartenir, demanda:

– «Qui est là?»

Il n'était pas sûr de la reconnaître. Il frappa encore une fois. On ouvrit la fenêtre, puis les volets. Maintenant, il n'y avait plus moyen de reculer et, puisqu'elle allait tout savoir, pour ne pas avoir l'air trop malheureux, trop jaloux et curieux, il se contenta de crier d'un air négligent et gai: – «Ne vous dérangez pas, je passais par là, j'ai vu de la lumière, j'ai voulu savoir si vous n'étiez plus souffrante.»

Il regarda. Devant lui, deux vieux messieurs étaient à la fenêtre, l'un tenant une lampe, et alors, il vit la chambre, une chambre inconnue. Ayant l'habitude, quand il venait chez Odette très tard, de reconnaître sa fenêtre à ce que c'était la seule éclairée entre les fenêtres toutes pareilles, il s'était trompé et avait frappé à la fenêtre suivante qui appartenait à la maison voisine. Il s'éloigna en s'excusant et rentra chez lui, heureux que la satisfaction de sa curiosité eût laissé leur amour intact et qu'après avoir simulé depuis si longtemps vis-à-vis d'Odette une sorte d'indifférence, il ne lui eût pas donné, par sa jalousie, cette preuve qu'il l'aimait trop, qui, entre deux amants, dispense, à tout jamais, d'aimer assez, celui qui la reçoit.

Il ne lui parla pas de cette mésaventure, lui-même n'y songeait plus. Mais, par moments, un mouvement de sa pensée venait en rencontrer le souvenir qu'elle n'avait pas aperçu, le heurtait, l'enfonçait plus avant et Swann avait ressenti une douleur brusque et profonde ...

Marcel Proust: *Un amour de Swann*, Paris 1977,

Antoine de Saint-Exupéry (1900–1944)

Wegen seiner Begeisterung für die neue **Erfahrung des Fliegens** hat man Saint-Exupéry neben Spieler- und Kämpfertypen wie Hemingway oder Montherlant gestellt, etwa als Vertreter eines heroischen Individualismus in der technisierten Moderne. Dem widerspricht aber seine eigene ausdrückliche Kritik und vor allem die Haltung, die er immer wieder vom Menschen im Kampf mit den Naturgewalten fordert: die nüchterne Rationalität. Er verurteilt jedes Risiko des eigenen Lebens, das nicht im Zusammenhang einer sozialen Verantwortung übernommen wird; seinen Fliegerberuf sieht er freilich als einen besonderen Glücksfall an, weil er ihn immer wieder in die Ausnahmesituation gestellt hat, die den Menschen über sich selbst hinausfordert.

Antoine de Saint-Exupéry: Terre des Hommes

Die (eher lyrische) Übersetzung des Titels ins Deutsche (Wind, Sand und Sterne) *hat dem großen Publikum lange verborgen, dass dies ein philosophisches Buch ist. Es geht darin genau um die beiden Gegenstände, die der Titel nennt: unsere Erde aus kosmologischer Sicht und die Menschen darauf in ihren Glückserwartungen und Verantwortlichkeiten. Es geht auch nicht um Metaphysik oder Ontologie, sondern um Philosophie unserer Lebenswelt, für jeden verständlich, wie das Buch vom kleinen Prinzen sogar für Kinder.*

Als Flieger hatte Saint-Exupéry zum ersten Mal den Blick auf die Erde, den die Astronauten in unseren Tagen so großartig bestätigten: dass unsere Welt im interplanetarischen Raum unendlich klein, als Lebensgrund für organische Existenz und gar denkende Wesen aber ein immenser Glücksfall ist. Das ist für ihn das eigentliche Wunder des menschlichen Lebens, um das sein Denken kreist.

Die Beobachtung der Menschen in der Wüste hat ihm vor allem Einsicht in die je verschiedenen Horizonte ihrer Glückserwartung gegeben. In einem Lebensraum, in dem die Objekte der Begierde auf ein extremes Minimum reduziert sind, kann der Kampf ebenso wie die Liebe die ganze Umwelt in ein Spannungsfeld verwandeln, dessen Kraftlinien auf den Punkt zentriert sind, an dem wir die Verwirklichung unserer Leidenschaft erwarten. Aber auch im schlichten Vollzug des Alltags hat der Autor diesen Sachverhalt sinnfällig gemacht, so das Beispiel des Beduinen, der während eines zehrenden Rittes durch die Hitze bei Ausschluss jeder anderen Möglichkeit der Glückserwartung doch wenigstens das abendliche Glas Tee schon vor Augen hat, und bei Ausfall auch dieser Perspektive, den Genuss der Abendkühle nach vollbrachtem Tagewerk. Immer ist jedoch in der Glücksverwirklichung der Menschen bei Saint-Exupéry ihre persönliche Freiheit im Spiel. Der Sklave hat seinen einzigen Lebensinhalt in der Zubereitung des Tees für seinen Herrn und dem Lob, das dabei vielleicht für ihn abfällt. Die soziale Problematik sieht Saint-Exupéry vor allem in Osteuropa und noch nicht so akut in der Dritten Welt wie wir heute. Vorbildlich ist jedoch sein liebevolles Verständnis für die fremde Kultur des Islam. Das führt ihn auch auf den berechtigten Kern der Kritik an der technisierten Zivilisation.

Chapitre VI, 5

Mouyane me regarde plus durement et parle encore.

– Que dit-il?

– Il dit: «Nous partirons demain en rezzou contre Bonnafous. Trois cents fusils.»

J'avais bien deviné quelque chose. Ces chameaux que l'on mène au puits depuis trois jours, ces palabres, cette ferveur. Il semble que l'on grée un voilier invisible. Et le vent du large, qui l'emportera, déjà circule. A cause de Bonnafous chaque pas vers le sud devient un pas riche de gloire. Et je ne sais plus départager ce que de tels départs contiennent de haine ou d'amour.

Il est somptueux de posséder au monde un si bel ennemi à assassiner. Là où il surgit, les tribus proches plient leurs tentes, rassemblent leurs chameaux et fuient, tremblant de le rencontrer face à face, mais les tribus les plus lointaines sont prises du même vertige que dans l'amour. On s'arrache à la paix des tentes, aux étreintes des femmes, au sommeil heureux, on découvre que rien au monde ne vaudrait, après deux mois de marche épuisante vers le sud, de soif brûlante, d'attentes accroupies sous les vents de sable, de tomber, par surprise, à l'aube, sur le peloton mobile d'Atar, et là, si Dieu permet, d'assassiner le capitaine Bonnafous.

– Bonnafous est fort, m'avoue Kemal.

Je sais maintenant leur secret. Comme ces hommes qui désirent une femme, rêvent à son pas indifférent de promenade, et se tournent et se retournent toute la nuit, blessés, brûlés, par la promenade indifférente qu'elle poursuit dans leur songe, le pas lointain de Bonnafous les tourmente. Tournant les rezzous lancés contre lui, ce chrétien habillé en Maure, à la tête de ses deux cents pirates maures, a pénétré en dissidence, là où le dernier de ses propres hommes, affranchi des contraintes françaises, pourrait se réveiller de son servage, impunément, et le sacrifier à son Dieu sur les tables de pierre, là où son seul prestige les retient, où sa faiblesse même les effraie. Et cette nuit, au milieu de leurs sommeils rauques, il passe et passe indifférent, et son pas sonne jusque dans le cœur du désert.

Mouyane médite, toujours immobile dans le fond de la tente, comme un bas-relief de granit bleu. Ses yeux seuls brillent, et son poignard d'argent qui n'est plus un jouet. Qu'il a changé depuis qu'il a rallié le rezzou! Il sent, comme jamais, sa propre noblesse, et m'écrase de son mépris; car il va monter vers Bonnafous, car il se mettra en marche, à l'aube, poussé par une haine qui a tous les signes de l'amour.

Une fois encore il se penche vers son frère, parle tout bas, et me regarde.

– Que dit-il?

– Il dit qu'il tirera sur toi s'il te rencontre loin du fort.

– Pourquoi?

– Il dit: «Tu as des avions et la T.S.F., tu as Bonnafous, mais tu n'as pas la vérité.»

Mouyane immobile dans ses voiles bleus, aux plis de statue, me juge.

Il dit: «Tu manges de la salade comme les chèvres, et du porc comme les porcs. Tes femmes sans pudeur montrent leur visage»: il en a vu. Il dit: «Tu ne pries jamais.» Il dit: «A quoi te servent tes avions ta T.S.F., ton Bonnafous, si tu n'as pas la vérité?»

Antoine de Saint-Exupéry: *Terre des Hommes*, Paris 1977, © Editions Gallimard, S. 91–93

Albert Camus (1913–1960)

1957 erhielt Albert Camus den **Nobelpreis für Literatur**. In seiner Rede aus diesem Anlass hat er die **zwei Aufgaben** bezeichnet, die nach ihm die Verpflichtung **des modernen Schriftstellers** ausmachen: der **Dienst an der Wahrheit** und der **Dienst für die Freiheit**. Er selbst zögerte nicht, sich dieser Pflicht zu stellen, als er während der Besetzung Frankreichs gegen den Nazismus kämpfte. Genauso wenig zögerte er, seine Bindung an die kommunistische Partei aufzukündigen, als die stalinistischen Verbrechen den gleichen Prinzipien Hohn sprachen. Die Antwort auf eine Kritik von Jean-Paul Sartre umreißt am besten seine Position: „Wenn ich fände, dass die Wahrheit rechts ist, wäre ich ein Rechter." Dieser Satz bezeichnet den Bruch mit einem Freund, dessen militanter Marxismus erst die brutale Invasion der sowjetischen Armee in Ungarn erleben musste, um sich neu zu besinnen. Als Algerien, wo Camus 1913 geboren war, sich in einem langen und leidvollen Kampf von Frankreich löste, hat er sich noch einmal engagiert, um die zwei Völker zu versöhnen, die in dem afrikanischen Land nach seiner Überzeugung eine Einheit bildeten. Diesmal sah er sich mit einer Erfahrung konfrontiert, die seit seinem Essai *Der Mythos von Sisyphus* (1942) den Kern seiner Philosophie bildete. Die Ereignisse entwickeln eine eigene Dynamik, die nicht mehr durch die Logik des Menschen zu bändigen ist, weil die Wirklichkeit nicht nach den Gesetzen der menschlichen Vernunft eingerichtet ist. Im Leben muss man daher immer die Sinnlosigkeit zu ihrem Teil akzeptieren.

Albert Camus: L'Etranger

Dostojewski hat sicher die griechische Bedeutung des Wortes „Idiot" gemeint, als er seinem berühmten Roman diesen Titel gab. Der Protagonist von Camus heißt im bürgerlichen Leben Meursault und ist ein Fremder in der bürgerlichen Gesellschaft wie der Fürst Mychkin. Darüber hinaus hat Camus den Menschen überhaupt als einen Fremdling in der Welt bezeichnet, insofern er als bewusstes Wesen in nicht logisch determinierte Zusammenhänge gestellt ist. Meursault hat einen Mord begangen, dessen Erklärung den normgebenden Instanzen Recht und Religion nicht möglich ist, weil ihre Kategorien den Sachverhalt nicht fassen, sondern ihn lediglich auf ihr Begriffssystem zurechtbiegen. Er hat daher vor dem sozialen Apparat der Justiz keine Chance. Entscheidend für ihn ist aber, dass gerade an der Absurdität dieser nicht angemessenen Erklärungen seiner Tat er selbst zum vollen Bewusstsein seiner personalen Autonomie kommt, weil ja nur er in der konkreten Wirklichkeit der Situation gestanden hat, aus der seine Tat hervorging. Dadurch erschließt sich ihm aber nicht nur die Erkenntnis der tendenziösen Verfälschung, die die Richter seinen Erklärungen geben, sondern überhaupt die Ohnmacht aller Erklärungsversuche gegenüber der Absur-

dität der kausalen Verflechtungen, in denen wir als Menschen im Leben stehen. Zum Zeitpunkt seiner Tat scheint er in diese Zusammenhänge in einer Art animalischer Unbewusstheit völlig eingebunden. Am Schluss der Erzählung kann er jedoch mit der Souveränität seiner in den Monaten der Haft gewonnenen Erkenntnis die Ersatzlösungen des Gefängnisseelsorgers zurückweisen und wie ein Erlöster mit sich selbst im Reinen in den Tod gehen.

Chapitre II, 5

... «Pourquoi, m'a-t-il dit, refusez-vous mes visites?» J'ai répondu que je ne croyais pas en Dieu. Il a voulu savoir si j'en étais bien sûr et j'ai dit que je n'avais pas à me le demander: cela me paraissait une question sans importance. Il s'est alors renversé en arrière et s'est adossé au mur, les mains à plat sur les cuisses. Presque sans avoir l'air de me parler, il a observé qu'on se croyait sûr, quelquefois, et, en réalité, on ne l'était pas. Je ne disais rien. Il m'a regardé et m'a interrogé: «Qu'en pensez-vous?» J'ai répondu que c'était possible. En tout cas, je n'étais peut-être pas sûr de ce qui m'intéressait réellement, mais j'étais tout à fait sûr de ce qui ne m'intéressait pas. Et justement, ce dont il me parlait ne m'intéressait pas.

Il a détourné les yeux et, toujours sans changer de position, m'a demandé si je ne parlais pas ainsi par excès de désespoir. Je lui ai expliqué que je n'étais pas désespéré. J'avais seulement peur, c'était bien naturel. «Dieu vous aiderait alors, a-t-il remarqué. Tous ceux que j'ai connus dans votre cas se retournaient vers lui.» J'ai reconnu que c'était leur droit. Cela prouvait aussi qu'ils en avaient le temps. Quant à moi, je ne voulais pas qu'on m'aidât et justement le temps me manquait pour m'intéresser à ce qui ne m'intéressait pas.

A ce moment, ses mains ont eu un geste d'agacement, mais il s'est redressé et a arrangé les plis de sa robe. Quand il a eu fini, il s'est adressé à moi en m'appelant «mon ami»: s'il me parlait ainsi ce n'était pas parce que j'étais condamné à mort; à son avis, nous étions tous condamnés à mort. Mais je l'ai interrompu en lui disant que ce n'était pas la même chose et que, d'ailleurs, ce ne pouvait être, en aucun cas, une consolation. «Certes, a-t-il approuvé. Mais vous mourrez plus tard si vous ne mourez pas aujourd'hui. La même question se posera alors. Comment aborderez-vous cette terrible épreuve?» J'ai répondu que je l'aborderais exactement comme je l'abordais en ce moment.

Il s'est levé à ce mot et m'a regardé droit dans les yeux. C'est un jeu que je connaissais bien. Je m'en amusais souvent avec Emmanuel ou Céleste et, en général, ils détournaient leurs yeux. L'aumônier aussi connaissait bien ce jeu, je l'ai tout de suite compris: son regard ne tremblait pas. Et sa voix non plus n'a pas tremblé quand il m'a dit: «N'avez-vous donc aucun espoir et vivez-vous avec la pensée que vous allez mourir tout entier? – Oui», ai-je répondu.

Alors, il a baissé la tête et s'est rassis. Il m'a dit qu'il me plaignait. Il jugeait cela impossible à supporter pour un homme. Moi, j'ai seulement senti qu'il commençait à m'ennuyer. Je me suis détourné à mon tour et je suis allé sous la lucarne. Je m'appuyais de l'épaule contre le mur. Sans bien le suivre, j'ai entendu qu'il recommençait à m'interroger. Il parlait d'une voix inquiète et pressante. J'ai compris qu'il était ému et je l'ai mieux écouté.

Il me disait sa certitude que mon

pourvoi serait accepté, mais je portais le poids d'un péché dont il fallait me débarrasser. Selon lui, la justice des hommes n'était rien et la justice de Dieu tout. J'ai remarqué que c'était la première qui m'avait condamné. Il m'a répondu qu'elle n'avait pas, pour autant, lavé mon péché. Je lui ai dit que je ne savais pas ce qu'était un péché. On m'avait seulement appris que j'étais un coupable. J'étais coupable, je payais, on ne pouvait rien me demander de plus. A ce moment, il s'est levé à nouveau et j'ai pensé que dans cette cellule si étroite, s'il voulait remuer, il n'avait pas le choix. Il fallait s'asseoir ou se lever.

J'avais les yeux fixés au sol. Il a fait un pas vers moi et s'est arrêté, comme s'il n'osait avancer. Il regardait le ciel à travers les barreaux. «Vous vous trompez, mon fils, m'a-t-il dit, on pourrait vous demander plus. On vous le demandera peut-être. – Et quoi donc? – On pourrait vous demander de voir. – Voir quoi?»

Le prêtre a regardé tout autour de lui et il a répondu d'une voix que j'ai trouvée soudain très lasse: «Toutes ces pierres suent la douleur, je le sais. Je ne les ai jamais regardées sans angoisse. Mais, du fond du cœur, je sais que les plus misérables d'entre vous ont vu sortir de leur obscurité un visage divin. C'est ce visage qu'on vous demande de voir.»

Je me suis un peu animé. J'ai dit qu'il y avait des mois que je regardais ces murailles. Il n'y avait rien ni personne que je connusse mieux au monde. Peut-être, il y a bien longtemps, y avais-je cherché un visage. Mais ce visage avait la couleur du soleil et la flamme du désir: c'était celui de Marie. Je l'avais cherché en vain. Maintenant, c'était fini. Et dans tous les cas, je n'avais rien vu surgir de cette sueur de pierre.

L'aumônier m'a regardé avec une sorte de tristesse. J'étais maintenant complètement adossé à la muraille et le jour me coulait sur le front. Il a dit quelques mots que je n'ai pas entendus et m'a demandé très vite si je lui permettais de m'embrasser: «Non», ai-je répondu. Il s'est retourné et a marché vers le mur sur lequel il a passé sa main lentement: «Aimez-vous donc cette terre à ce point?» a-t-il murmuré. Je n'ai rien répondu.

Il est resté assez longtemps détourné. Sa présence me pesait et m'agaçait. J'allais lui dire de partir, de me laisser, quand il s'est écrié tout d'un coup avec une sorte d'éclat, en se retournant vers moi: «Non, je ne peux pas vous croire. Je suis sûr qu'il vous est arrivé de souhaiter une autre vie.» Je lui ai répondu que naturellement, mais cela n'avait pas plus d'importance que de souhaiter d'être riche, de nager très vite ou d'avoir une bouche mieux faite. C'était du même ordre. Mais lui m'a arrêté et il voulait savoir comment je voyais cette autre vie. Alors, je lui ai crié: «Une vie où je pourrais me souvenir de celle-ci», et aussitôt je lui ai dit que j'en avais assez. Il voulait encore me parler de Dieu, mais je me suis avancé vers lui et j'ai tenté de lui expliquer une dernière fois qu'il me restait peu de temps. Je ne voulais pas le perdre avec Dieu. Il a essayé de changer de sujet en me demandant pourquoi je l'appelais «monsieur» et non pas «mon père». Cela m'a énervé et je lui ai répondu qu'il n'était pas mon père: il était avec les autres.

– Non, mon fils, a-t-il dit en mettant la main sur mon épaule. Je suis avec vous. Mais vous ne pouvez pas le savoir parce que vous avez un cœur aveugle. Je prierai pour vous.

Alors, je ne sais pas pourquoi, il y a quelque chose qui a crevé en moi. Je me suis mis à crier à plein gosier et je l'ai insulté et je lui ai dit de ne pas prier. Je l'avais pris par le collet de sa soutane. Je déversais sur lui tout le fond de mon cœur avec des bondissements mêlés de joie et de colère. Il avait l'air si certain, n'est-ce pas? Pourtant, aucune de ses certitudes ne valait un cheveu de femme. Il n'était même pas sûr d'être en vie puisqu'il vivait comme un mort. Moi, j'avais l'air d'avoir les mains vides. Mais j'étais sûr de moi, sûr de tout, plus sûr que lui, sûr de ma vie et de cette mort qui allait venir. Oui, je n'avais que cela. Mais du moins, je tenais cette vérité autant qu'elle me tenait. J'avais eu raison, j'avais encore raison, j'avais toujours raison.

Albert Camus: *L'Etranger*, Paris 1942, © Editions Gallimard, S. 163–169

Jacques Prévert (1900–1977)

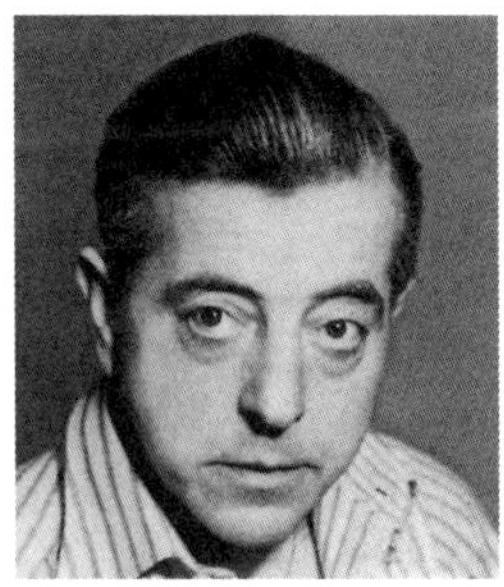

Mit seinem Gedichtband *Paroles* war Prevért 1946 die große lyrische Entdeckung nach dem Krieg, aber schon vorher hatte er für ein halbes Dutzend der populärsten Filme von Marcel Carné die Texte geschrieben. Wie kein anderer Dichter ist er volkstümlich geblieben, weil er der **Umgangssprache poetischen Rang gegeben** hat und weil seine Gedichte, vertont von Joseph Kosma, in Juliette Gréco und Yves Montand kongeniale Interpreten fanden. Beide trafen am besten die Mentalität der vierziger und fünfziger Jahre, ihre Kriegsmüdigkeit, den melancholischen Abschied von der Revolution bei immer gewahrtem Protest gegen jede Art von sozialer Bevormundung. Préverts **wichtigstes Thema** aber war die **Liebe**. Wie Georges Brassens karikiert er den Jargon des Bildungsbürgertums und liebt das Spiel mit Reimanklängen, Bedeutungszufällen und Wortkatalogen, ohne jedoch bis zu dem Grad der Sprachauflösung zu gehen, wie er sie bei den Surrealisten der zwanziger Jahre erlebt hatte. Außer für den Film hat er in der Gruppe *Octobre* auch für das Theater gearbeitet.

Jacques Prevert: Chanson dans le sang

Das Poem ist eine Klage über das Leiden der Menschen, die auf einem ungerührten, weil fühllosen, weil einer anderen Ordnung zugehörigen Planeten in seiner Umlaufbahn ohne Einhalt mitgerissen werden. Die Klage ist an keine Gottheit gerichtet, die für das Leiden in der Welt verantwortlich gemacht werden könnte, und bliebe lediglich ein fatalistisches, wenn auch rührendes Jammern, wenn es hier mit drei Ausnahmen (Vers 27, 31, 35) nicht immer um Leiden ginge, das Menschen von Menschen angetan wird, ohne dass eine Änderung der Dinge in Aussicht stände.

Das Leiden ist hier im Bild des Blutes symbolisiert, das sich in seinem Fluss bis zum Ende des Gedichts zunehmend steigert (V. 1: flaques de sang; *V. 67:* grands ruisseaux de sang*). Die Rotationsbewegung der Erde imitiert der Autor durch die Wortwiederholung von* tourner, *durch Zeilenwiederholung, Worthäufung und Aufzählung.*

Die Wiederholung der Eingangsfrage où s'en va-t-il? *gliedert den Text in drei Abschnitte, wenn schon nicht Strophen. Der erste Teil (V. 1–24) entwickelt die Rotationsbewegung der Erde. Ihre astronomisch unbestechliche Präzision wird am Anfang noch in einer Art schwarzen Humors vom unsicheren Tappen des Säufers abgesetzt, nimmt aber schon zu Ende der Strophe eine beängstigende Geschwindigkeit an (V. 20).*

Im zweiten Teil (V. 25–38) erreicht die Darstellung des Leidens ihre höchste Intensität mit dem Bild des Blutes, in dem jedes Menschenkind geboren wird (V. 34). Sie verengt sich im dritten Teil nach einem Summationsschema (V. 40, 41) auf den Einzelfall des Unfalltodes. Durch die Nebenbedeutung von tourner: *„stocken, gerinnen" (von Milch und Blut) wird hier die Bildsphäre von* sang *mit der Bildsphäre von* tourner *zusammengeführt zum Bilde des Todes (V. 54, 60, 63). Damit endet das Gedicht als resignierte Klage über die Vergänglichkeit, deren Tragik vom innerweltlichen Standpunkt letztlich nicht auflösbar ist.* „Mais ou sont les neiges dantan?" *hatte schon François Villon in der gleichen Befindlichkeit gefragt in seiner „Ballade des Dames tu temps jadis".*

Il y a de grandes flaques de sang sur le monde
où s'en va-t-il tout ce sang répandu
Est-ce la terre qui le boit et qui se saoule
drôle de saoulographie alors
si sage ... si monotone ...
Non la terre ne se saoule pas
la terre ne tourne pas de travers
elle pousse régulièrement sa petite voiture ses quatre saisons
la pluie ... la neige ...
la grèle ... le beau temps ...
jamais elle n'est ivre
c'est à peine si elle se permet de temps en temps
un malheureux petit volcan
Elle tourne la terre
elle tourne avec ses arbres ... ses jardins ... ses maisons ...
elle tourne avec ses grandes flaques de sang
et toutes les choses vivantes tournent avec elle et saignent ...
Elle elle s'en fout
la terre
elle tourne et toutes les choses vivantes se mettent à hurler
elle s'en fout
elle tourne
elle n'arrète pas de tourner
et le sang n'arrète pas de couler ...
Où s'en va-t-il tout ce sang répandu
le sang des meurtres ... le sang des guerres ...

le sang de la misère ...
et le sang des hommes torturés dans les prisons ...
le sang des enfants torturés tranquillement par leur papa et leur maman ...
et le sang des hommes qui saignent de la tête dans les cabanons ...
et le sang du couvreur
quand le couvreur glisse et tombe du toit
Et le sang qui arrive et qui coule à grands flots
avec le nouveau-né ... avec l'enfant nouveau ...
la mère qui crie ... l'enfant pleure ...
le sang coule ... la terre tourne
la terre n'arrète pas de tourner
le sang n'arrète pas de couler
Où s'en va-t-il tout ce sang répandu
le sang des matraqués ... des humiliés ...
des suicidés ... des fusillés ... des condamnés ...
et le sang de ceux qui meurent comme ça ... par accident.
Dans la rue passe un vivant
avec tout son sang dedans
soudain le voilà mort
et tout son sang est dehors
et les autres vivants font disparaître le sang
ils emportent le corps
mais il est têtu le sang
et là où était le mort
beaucoup plus tard tout noir
un peu de sang s'étale encore ...
sang coagulé
rouille de la vie rouille des corps
sang caillé comme le lait
comme le lait quand il tourne
quand il tourne comme la terre
comme la terre qui tourne
avec son lait ... avec ses vaches ...
avec ses vivants ... avec ses morts ...
la terre qui tourne avec ses arbres ... ses vivants ... ses maisons ...
la terre qui tourne avec les mariages ...
les enterrements ...
les coquillages ...
les régiments ...
la terre qui tourne et qui tourne et qui tourne
avec ses grands ruisseaux de sang.

Jacques Prevert: „Chanson dans le sang“. In: *Anthologie de la Poésie française du XXe siècle*, Paris 1983, © Editions Gallimard, S. 388–390

Marguerite Duras (1914–1996)

Die Autorin ist in Indochina geboren, wo ihre Eltern im kolonialen Schuldienst Frankreichs arbeiteten. Nach Spannungen in der Familie studiert sie ab 1932 in Paris Mathematik, Jura und Politikwissenschaft. **Antikonformistisch und politisch engagiert** ist sie immer geblieben. Sie erlebt zu Beginn des Krieges Kollaboration und Widerstand und schließt sich nach der Deportation ihres Mannes der kommunistischen Partei an. Für ihre frühen Romane ist die Sinnsuche der Protagonisten in den Extrempositionen der Liebe, des Irrsinns und des Verbrechens charakteristisch, wie in *Moderato cantabile* von 1958. Charakteristisch ist auch die sprachliche Ohnmacht, die die Personen fesselt. Diese hat Marguerite Duras dem Film zugeführt, weil sie glaubte, mit dem bewegten Bild die **Zwischentöne und Innenzustände der Menschen** besser zu erfassen. Für den Welterfolg *Hiroshima mon amour* (1959) fand sie in Alain Resnais den kongenialen Regisseur, bevor sie selbst in das Fach überwechselte. Es entstanden aber auch weiterhin erfolgreiche Romane, in denen sie gern **ihre Biografie in Literatur umsetzt**. Dabei wird die Realität von der Fiktion überschritten, weil sie für die Autorin eine Erweiterung der Selbsterfahrung darstellt. Für den Roman *L'Amant* erhielt sie 1984 den Prix Goncourt.

Marguerite Duras: Hiroshima mon amour

Eine Französin aus Nevers erlebt zwischen 17 und 20 ihre erste Liebe. Es ist Krieg und ihr Liebster ein Soldat der deutschen Besatzungsarmee. 1944 will er sie nach Bayern mitnehmen, um sie dort zu heiraten. Als sie jedoch zum verabredeten Treffpunkt kommt, findet sie ihn sterbend am Flussufer. Ein Widerstandskämpfer hat ihn aus einem Garten heraus erschossen. Sie wird wie andere Leidensgefährtinnen von den Chauvinisten kahl geschoren, ist durch den Schmerz aber schon unempfindlich für alle äußeren Eindrücke. Danach verfällt sie in einen Zustand der Apathie mit bösartigen Ausfällen, so dass ihre Eltern sie im Keller verbergen. Als sie nach einiger Zeit ausgeglichener wird, soll sie nach Paris gehen und trifft dort gerade am Tag der Bombenexplosion von Hiroshima ein. Nach einiger Zeit heiratet sie und hat zwei Kinder. Ihr Trauma ist anscheinend verdrängt. Sie wird Schauspielerin und kommt 1959 nach Hiroshima, um an einem internationalen Film für den Frieden mitzuwirken. Sie hält dieses Mittel nicht für entscheidend wirksam, ist aber unbedingt für alles, was die Erinnerung an das Geschehen wach hält.

In den letzten 14 Jahren hat sie erfahren, dass selbst die einschneidendsten Erlebnisse verblassen können, bis zu dem Punkt, wo auch der eigentliche Grund der Erinnerung gegenstandslos wird. Das Problem des Gedenkens und des Gedächtnisses ist überhaupt die Verbindung zwischen dem Thema der Liebe und dem des Krieges. Sie lernt am Drehort ei-

nen Japaner kennen und lieben, der seine Familie in Hiroshima verloren hat, während er Soldat war. Die beiden lieben sich leidenschaftlich und merken schon nach der ersten Begegnung, dass es für sie nicht lediglich ein erotisches Abenteuer ist. Nach einer weiteren Liebesbegegnung geschieht das Wunder, dass sie ihm die Geschichte der ersten Liebe erzählen kann, obwohl sie das bisher noch vor keinem Menschen, auch nicht ihrem Ehemann, vermochte. Die Szene der Rückerinnerung ist zugleich der Akt, durch den sie sich aus dem langjährigen Trauma befreit. Der Geliebte spielt dabei die Rolle des Psychotherapeuten. Der eigentliche Grund ist jedoch, das sich mit ihm das Ereignis ihrer ersten Liebe wiederholt hat.

Der Liebe wird ein Höchstwert zugemessen, weil sie als Grenzerfahrung in unmittelbarer Nähe zum Tode steht, und das hat mit Hiroshima zu tun. Nach der für beide Partner bestehenden und respektierten Ehekonvention ist diese Liebe unmöglich. Unmöglich war schon die Liebe der Französin zu einem deutschen Besatzungssoldaten, weil sie sich auch über die nationale Ehre hinwegsetzte. In beiden Fällen zeigt sie darin ihre Macht. Die Nähe der Liebe zum Tod muss die Protagonistin in ihrem persönlichen Schicksal in der akutesten Form erleben. Schon dass es die erste Liebe ist, gibt ihr den existenziellen Ausnahmecharakter. Der tödliche Ausgang wird zu einer seelischen Erschütterung, die sie zeitweilig in den Irrsinn treibt. Ihre zweite unmögliche Liebe ist für sie darum eine Befreiung, weil sie die Erfahrung macht, dass die Liebe nicht existenziell ausschließlich ist wie der Tod, sondern wiederholbar, wenn auch nicht beliebig wiederholbar. Selbst das seelisch Bedrängendste kann einmal in das Vergessen aufgehoben werden, aber das gilt verhängnisvollerweise auch für die Katastrophe von Hiroshima. Schon die folgende Generation, die das Grauen des Krieges nicht selbst erlebt hat, könnte es unterschätzen.

ELLE: On devait se retrouver à midi sur le quai de la Loire. Je devais repartir avec lui. Quand je suis arrivée à midi sur le quai de la Loire il n'était pas tout à fait mort. Quelqu'un avait tiré d'un jardin.

Le jardin du quai de Nevers. Elle délire, ne le regarde plus.

ELLE: Je suis restée près de son corps toute la journée et puis toute la nuit suivante. Le lendemain matin on est venu le ramasser et on l'a mis dans un camion. C'est dans cette nuit-là que Nevers a été libérée. Les cloches de l'église Saint-Étienne sonnaient ... sonnaient ... Il est devenu froid peu à peu sous moi. Ah! qu'est-ce qu'il a été long à mourir. Quand? Je ne sais plus au juste. J'étais couchée sur lui ... oui ... le moment de sa mort m'a échappé vraiment puisque ... puisque même à ce moment-là, et même après, oui, même après, je peux dire que je n'arrivais pas à trouver la moindre différence entre ce corps mort et le mien ... Je ne pouvais trouver entre ce corps et le mien que des ressemblances ... hurlantes, tu comprends? C'était mon premier amour ... (*crié*)

Le Japonais lui envoie une gifle. (Ou bien, comme on voudra, il lui écrase les mains dans les siennes.) Elle agit comme si elle ne savait pas d'où lui vient ce mal. Mais elle se réveille. Et fait comme si elle comprenait que ce mal était nécessaire.

ELLE: Et puis un jour ... J'avais crié encore. Alors on m'avait mise dans la cave.

Sa voix reprend son rythme. (Ici toute la scène de la bille qui rentre dans la cave, qu'elle ramasse, qui est chaude, sur la-

quelle elle referme sa main, etc., et qu'elle rend aux enfants, au-dehors, etc.) Il la laisse parler sans comprendre. Elle reprend.

ELLE: ... Elle était chaude ...

Il la laisse parler sans comprendre. Elle reprend.

ELLE: *(Un temps.)* Je crois que c'est à ce moment-là que je suis sortie de la méchanceté.

Temps.

Je ne crie plus.

Temps.

Je deviens raisonnable. On dit: «Elle devient raisonnable.»

Temps.

Une nuit, une fête, on me laisse sortir.

A l'aurore, à Nevers, au bord d'une rivière.

C'est le bord de la Loire. C'est l'aurore. Des gens passent sur le pont plus ou moins nombreux suivant les heures. De loin, ce n'est personne.

Place de la République, à Nevers, du nuit.

ELLE: Ce n'est pas tellement longtemps après que ma mère m'annonce qu'il faut que je m'en aille, dans la nuit, à Paris. Elle me donne de l'argent. Je pars pour Paris à bicyclette, la nuit. C'est l'été. Les nuits sont bonnes. Quand j'arrive à Paris, le surlendemain, le nom Hiroshima est sur tous les journaux. Mes cheveux ont atteint une longueur décente.

Je suis dans la rue avec les gens.

Quelqu'un a remis le disque de musette dans le juke-box.

Elle ajoute. Comme si elle se réveillait.

ELLE: Quatorze ans ont passé.

Il lui sert à boire. Elle boit. Elle redevient apparemment très calme. Ils sortent du tunnel de Nevers.

ELLE: Même des mains je me souviens mal ... De la douleur, je me souviens encore un peu.

LUI: Ce soir?

ELLE: Oui, ce soir je m'en souviens. Mais un jour, je ne m'en souviendrai plus. Du tout. De rien.

Elle lève la tête sur lui à ce moment-là.

ELLE: Demain à cette heure-ci je serai à des milliers de kilomètres de toi.

LUI: Ton mari, il sait cette histoire?

Elle hésite.

ELLE: Non.

LUI: Il n'y a que moi, alors?

ELLE: Oui.

Il se lève de la table, la prend dans ses bras, la force à se lever à son tour, et l'enlace très fort, scandaleusement. Les gens regardent. Ils ne comprennent pas. Il est dans une joie violente. Il rit:

LUI: Il n'y a que moi qui sache. Moi seulement.

En même temps qu'elle ferme les yeux, elle dit:

ELLE: Tais-toi.

Elle se rapproche encore plus de lui. Elle lève sa main, et, très légèrement, elle lui caresse la bouche avec sa main. Elle dit, presque dans un bonheur soudain:

ELLE: Ah! que c'est bon d'être avec quelqu'un quelquefois.

Ils se séparent, très lentement.

LUI: Oui (*avec ses doigts sur sa bouche*).

[Le disque, sur la machine, le juke-box vient de diminuer subitement de volume.] Une lampe s'éteint quelque part. Soit sur la berge du fleuve, soit dans le bar.

Elle a sursauté. Elle a retiré sa main restée sur la bouche. Lui, n'avait pas oublié l'heure.

Marguerite Duras: *Hiroshima mon amour.* Paris 1959,

Michel Tournier (1924)

Tournier ist der deutschen Literatur und Philosophie verpflichtet wie vor ihm nur André Gide. Weniger beherrschend als Gide, nimmt er doch im Literaturbetrieb der Hauptstadt eine unübersehbare Rolle ein, zumal seit der Aufnahme in die **Académie Goncourt** und seinem **Lektorat bei Gallimard**. Auch hier ist ihm Gide als Herausgeber der *Nouvelle Revue Française* vorausgegangen. Stärker noch als bei Gide ist für Tournier der Mythos Schwerpunkt seiner Kunstauffassung. Der Leser soll nichts Neues entdecken, sondern **in den mythologischen Stoffen Wahrheiten und Wirklichkeiten wiederentdecken**, wie es zu Gides Zeit die Erkenntnisse der Tiefenpsychologie waren. Orpheus, Faust, Don Juan, Don Quijote, aber auch Robinson, Blaubart, Tristan und Isolde sind für ihn ewig währendes Material für schriftstellerische Arbeit, das jede Zeit neu variieren kann. Tourniers Nähe zum Mythos erklärt auch seine Märchen und Romane für Kinder. Zur Kunst und Philosophie hat er in zahlreichen **Essays** Stellung genommen. Er ist Kenner der deutschen idealistischen und existenzialistischen **Philosophie** seit seiner Studienzeit und letzterdings auch noch Spezialist für die **Ästhetik der Fotografie**.

Michael Tournier: Le Roi des Aulnes

Der Roman trägt den Namen von Goethes Erlkönig, der das Kind entführt aus der kreatürlichen Bindung an die Familie in das Feenreich der unterirdischen Glückseligkeit. Daran knüpft der Autor eine sehr persönliche Mythik, deren Mittelpunkt das männliche Kind von etwa zwölf Jahren ist, weil dessen Wesen noch nicht durch die bevorstehende Pubertät korrumpiert wurde, aber ebenso wenig durch die erwachte Rationalität des Erwachsenen. Der Kult, der hier entwickelt wird, feiert entsprechend die Unschuld der Natur vor dem Sündenfall des Fleisches und der Erkenntnis. Die Sexualität erscheint im ganzen Buch wie ausgeblendet, sie ist als besitzergreifender und einverleibender Egoismus der bösartigen Menschenfresserei gleichgestellt. Außer dem zwölfjährigen Kind leben nur noch die Tiere in dieser prekären Befindlichkeit der Unschuld. Besonders den Tauben, den Hirschen und den Pferden gilt daher die Zuwendung des Protagonisten Abel Tiffauges, der als Kriegsgefangener die vierziger Jahre in Deutschland erlebt, wo ihm die virulente ideologische Form der Menschenfresserei begegnen soll.

Es handelt sich jedoch hier nicht um einen Normalfranzosen. Er erscheint von Anbeginn schon im Internat als vom Schicksal bestimmt zu einer Art büßender Erlöserfigur, der später die Menschenfresser Göring und Hitler in seiner Gestalt aufnimmt und umwandelt zum Heilsbringer, dem Erlkönig. Dazu bedarf es aber der Mittlerfigur des Christophorus. Die Symbolik des Tragens ist die beherrschende des Werkes. Aus ihr entspringt eine ganze Ahnenreihe: Atlas, Herakles, Nestor, Christus und sogar Rasputin. Dem Letzteren ist das ganze Buch gewidmet, weil er als Martyr des Friedens in der Heilung eines Kindes, des Zarensohnes, die Verhinderung des Ersten Weltkrieges gewollt habe. Tiffauges trägt auf seinen Schultern einen in Auschwitz geretteten Jungen aus dem menschenfressenden Inferno der letzten Kriegstage, versinkt aber unter seinem Gewicht im Moor, ein unterlegener Christophorus und gleichzeitig Erlkönig – so nannten auch die ostpreußischen Anwohner die rätselhafte Moorleiche aus germanischer Zeit, die man zusammen mit einem Kind in der Nähe von Rominten gefunden hatte.

Les derniers combats de l'année 1944 eurent pour enjeu en Prusse-Orientale la ville de Goldap, à une centaine de kilomètres au nord-est de Kaltenborn. Conquise maison par maison, le 22 octobre, par les troupes du 3e Front de Russie blanche commandées par le général Tcherniakovski, elle devait être reprise le 3 novembre par une contre-offensive du 29e Panzerkorps du général Decker. Jusqu'à la nouvelle offensive soviétique qui devait être déclenchée le 13 janier 1945, une accalmie permit à la population de mesurer le danger qui la menaçait et d'apprécier la valeur des assurances prodiguées par le gouvernement nazi. Envisager l'éventualité d'une invasion de la Prusse-Orientale par l'Armée rouge, c'était se rendre coupable d'un acte criminel de défaitisme et de trahison. Le long cortège des réfugiés de l'Est que les Soviétiques poussaient devant eux – paysans blancs-russiens d'abord, puis lituaniens, population du territoire de Memel, et enfin les premiers Allemands de Prusse-Orientale – ne devait en aucun cas être considéré par les civils allemands comme un avertissement. Sur les places des villages et dans les jardins publics des villes, on voyait se balancer au bout d'une corde des citoyens convaincus d'avoir fait des préparatifs de départ. Aussi l'Armée rouge surprit-elle en plein ahurissement la population civile des régions abandonnées par la Wehrmacht. Des soldats soviétiques rapportèrent qu'en entrant dans des fermes, ils avaient trouvé toutes les bêtes à l'écurie ou à l'étable, le feu ronflant dans la cheminée, une soupe en train de mijoter sur la cuisinière. Sur les routes étroites et rares du pays, dans le froid polaire du cœur de l'hiver, une cohue sauvage mêlait les réfugiés de toutes nationalités fuyant vers l'ouest aux convois de la Wehrmacht montant vers le front ou regagnant ses arrières.

Bien qu'il demeurât en grande part étranger aux événements extérieurs, Tiffauges eut deux fois l'occasion d'être témoin de ce lamentable exode. Ce fut d'abord peu avant la Noël 1944 sur la route d'Arys à Lyck. Alors qu'une colonne militaire poursuivait son lent cheminement vers Lyck, le convoi des réfugiés allant en sens inverse semblait paralysé par le froid. Un bouchon avait dû se former du côté d'Arys, et l'on aurait dit que les charrois se disolvaient sous l'effet de l'immobilité, parce que les hommes profitaient de la halte pour vérifier les harnais des chevaux et l'arrimage des ballots, tandis que les enfants s'égaillaient sur les talus et dans les boqueteaux avoisinant la route. Tiffauges remonta les files au petit galop en direction d'Arys, et rencontra au bout de quinze cents mêtres l'origine du barrage, que lui signala d'assez loin un groupe de civils et de militaires affairés autour de deux voitures enchevêtrées. Un attelage militaire dérapant sur une courte pente glacée avait heurté si malencontreusement un chariot de paysan que le timon du chariot, s'était enfoncé comme un épieu dans le poitrail d'un des chevaux militaires. La bête qui agonisait était tombée sur les genoux, soutenue à droite par le cheval voisin, à gauche par celui du chariot – et tous deux ruaient et se cabraient pour sortir de l'imbroglio.

Tiffauges avait été profondément impressioné par le spectacle de l'exode. Il pensait à celui des Français en juin 1940 qui paraissait en comparaison un embarquement pour Cythère – et il se répétait la prière de l'Écriture sainte: *Priez pour que votre fuite n'ait pas lieu en hiver.* L'image du cheval empalé par le poitrail s'imprima ineffaçablement en lui, car il ne manqua pas d'y soupçonner un symbole – hélas indéchiffrable – ou, mieux encore, une figure héraldique inconnue, mais non sans affinité avec les armes de Kaltenborn. Ce qu'il vit en revanche, lorsque la colonne des réfugiés put de nouveau s'ébranler, était dépourvu de toute aura symbolique et ressortissait à l'horreur la plus nue: un cadavre humain incorporé à la chaussée gelée, mille et mille fois écrasé, aplati, broyé par les chenilles des chars, les pneus des camions, les roues des charrettes ou simplement le martèlement des bottes, tellement qu'il n'avait pas plus d'épaisseur qu'un tapis, un tapis qu'on aurait grossièrement découpé selon une silhouette humaine, et où l'on distinguait vaguement un profil, un œil et des mèches de cheveux.

Michel Tournier: *Le Roi des Aulnes*. Paris 1970,

Zeittafel zum 20. Jahrhundert

	Politik, Gesellschaft und Kultur	Literatur
1870	III. Republik	
1905	Trennung von Kirche und Staat	Gide: L'Immoraliste (1902)
1907	Bergson: L'Evolution Créatrice (wichtigster Vertreter der modernen Philosophie)	† Jarry (1907, Vorläufer des absurden Theaters mit dem Stück „Ubu Roi")
		Rolland: Jean-Christophe (1912)
1914	Ermordung von Jaurès (Chef der französischen Sozialisten)	Apollinaire: Alcools (1913)
1914 – 18	Erster Weltkrieg	
1917	Russische Revolution	
1919	Völkerbund	
1920	Parti Communiste Français	† Proust (1922)
		Valéry: Charmes (1922)
		du Gard: Les Thibault (1922)
		Manifest des Surrealismus (1924)
		Claudel: Le Soulier de Satin (1924)
1925	Friedensabkommen der Siegermächte mit Deutschland in Locarno	Gide: Les Faux-Monnayeurs (1925)
		Supervielle: Gravitations (1925)
		Montherlant: Les Bestiaires (1926)
1929	Ravel: Boléro	Mauriac: Thérèse Desqueyroux (1927)
1931	Cocteau: Le Sang d'un poète (letzter surrealistischer Stummfilm nach Buñuel und Dalí)	Céline: Voyage au bout de la Nuit (1932)
1933	Hitlers Machtergreifung	Malraux: La Condition humaine (1933)
		Giraudoux: La Guerre de Troie n'aura pas lieu (1935)
1936	Spanischer Bürgerkrieg	Aragon: Les Beaux Quartiers (1936)
	Front Populaire	
1937	Maurras: Mes Idées politiques (nationalistischer Ideologe, Gründer der „Action Française")	
	Benda: La Trahison des Clercs (Kritik der Intellektuellen wegen einseitiger politischer Tendenz)	
1939	† Freud	Saint-Exupéry: Terre des Hommes (1939)
1939 – 45	Zweiter Weltkrieg	Camus: L'Etranger/La Peste (1942)
1943	Grundlegung des französischen Existenzialismus durch Sartres L'Etre et le Néant	
1945	IV. Republik	Sartre: Les Mains sales (1948)

	Politik, Gesellschaft und Kultur	Literatur
1951	Marcel: Les Hommes contre l'Humanité (katholischer Philosoph existenzieller Ausrichtung)	Beckett: En attendant Godot (1952)
		Butor: La Modification (1952)
1958	V. Republik	Anouilh: Becket ou l'Honneur de Dieu (1959)
		Duras: Hiroshima mon amour (1959)
1960	Clair in der Académie Française (offizielle Anerkennung des Films als siebte Kunst)	Ionesco: Rhinocéros (1960)
1962	Unabhängigkeit Algeriens	
1968	Mai-Unruhen	
1970	† De Gaulle	Tournier: Le Roi des Aulnes (1970)
1973	† Picasso	
1981	Sozialistische Regierung unter Mitterrand	Prévert: Chanson dans le sang (1983)
1986 – 88	erste Cohabitation	
1993 – 95	zweite Cohabitation	
1995	Chirac Präsident	
1996	† Mitterrand	
1997	Wahlsieg der Sozialisten; dritte Cohabitation	

Bildnachweis

Umschlagbild: Bibliothèque nationale de France, Morris/Sipa Press
S. 1: Michael Raeburn (Hg.): Baukunst des Abendlandes. Stuttgart: Deutsche Verlags-Anstalt 1982
S. 5: Pierre Corneille, Gemälde eines unbekannten Künstlers, © bpk, Berlin, 2002
S. 9: Molière, Kupferstich von Lépicie nach einem Gemälde von Charles Antoine Coypel, © bpk, Berlin, 2002
S. 12: Jean Racine, Kupferstich im Oval von Edelinck, © bpk, Berlin, 2002
S. 15: Jean de La Fontaine, Porträt-Kupferstich von G. Edelink nach einer Vorlage von H. Rigaud, © bpk, Berlin, 2002
S. 17: Jean de La Bruyère, Federlithographie aus dem Jahre 1838 nach einem zeitgenössischen Gemälde, © bpk, Berlin, 2002
S. 21: Encyclopédie, ou dictionnaire raisonné des sciences, des arts et des métiers
S. 22: Titelseite der 3. Auflage der *Encyclopédie*, © bpk, Berlin, 2002
S. 25: Cliché Bibliothèque nationale de France, Paris
S. 26: Charles-Louis de Montesquieu, © bpk, Berlin, 2002
S. 29: Jean-Jacques Rousseau, Lithographie nach einem Gemälde von de Latour, © bpk, Berlin, 2002
S. 33: Voltaire, anonymer französischer Kupferstich, © bpk, Berlin, 2002
S. 37: André Chénier, © bpk, Berlin, 2002
S. 41: Musée d'Orsay, Paris
S. 42: Eisengießerei in Saint-Gervais, Holzstich um 1850; Barrikadenkampf in der Rue St. Antoine in Paris, Holzstich einer zeitgenössischen Darstellung, Juli-Revolution 1830, beide Abb. © bpk, Berlin, 2002
S. 48: Charles Baudelaire, © bpk, Berlin, 2002
S. 49: Paul Verlaine, © bpk, Berlin, 2002
S. 52: Jean Orizet: Anthologie de la poésie française. Larousse 1988
S. 54: Silvestro Valéri: Portrait d'Henri Beyle dit Stendhal en uniforme de consul, 1835, Musée de Grenoble
S. 57: Honoré de Balzac, Kupferstich von Paul Chenay nach einem Gemälde von Louis Boulanger, © bpk, Berlin, 2002
S. 62: Emile Zola, Porträtfoto um 1890, Nadar, Paris, © bpk, Berlin, 2002
S. 67: Wohnraum im Pavillon de L'Esprit Nouveau, Le Corbusier, 1925
S. 70: Hans Bolliger, Zürich

S. 73: Paul Valéry, Porträtfoto um 1920, © bpk, Berlin, 2002
S. 84: Jean Anouilh, © bpk, Berlin, 2002
S. 87: Marcel Proust, Foto um 1904, © bpk, Berlin, 2002
S. 95: Jacques Prévert et ses amis photographes. Fondation nationale de la photographie, 1981
S. 98: © Elizabeth Lennard
S. 101: Michel Tournier: Zwillingssterne. Hoffmann und Campe 1977

Stichwortverzeichnis

Sachregister

Personenregister

Werkregister

Ihre Meinung ist uns wichtig!

Ihre Anregungen sind uns immer willkommen. Bitte informieren Sie uns mit diesem Schein über Ihre Verbesserungsvorschläge!

Titel-Nr.	Seite	Vorschlag

Bitte hier abtrennen

Die echten Hilfen zum Lernen ... **STARK**

18-V1T

Bitte ausfüllen und im frankierten Umschlag an uns einsenden. Für Fensterkuverts geeignet.

Zutreffendes bitte ankreuzen!

Die Absenderin/der Absender ist:

- ☐ Lehrer/in in den Klassenstufen: ____
- ☐ Fachbetreuer/in
  Fächer: ____
- ☐ Seminarlehrer/in
  Fächer: ____
- ☐ Regierungsfachberater/in
  Fächer: ____
- ☐ Oberstufenbetreuer/in
- ☐ Schulleiter/in
- ☐ Referendar/in, Termin 2. Staatsexamen: ____
- ☐ Leiter/in Lehrerbibliothek
- ☐ Leiter/in Schülerbibliothek
- ☐ Sekretariat
- ☐ Eltern
- ☐ Schüler/in, Klasse: ____
- ☐ Sonstiges: ____

Unterrichtsfächer: (Bei Lehrkräften!)

____

STARK Verlag
Postfach 1852
85318 Freising

Kennen Sie Ihre Kundennummer?
Bitte hier eintragen.

Absender (Bitte in Druckbuchstaben!)

Name/Vorname

Straße/Nr.

PLZ/Ort/Ortsteil

Telefon privat

Geburtsjahr

E-Mail

Schule/Schulstempel (Bitte immer angeben!)

Bitte hier abtrennen

(Bitte blättern Sie um)